高职高专"十二五"规划精品教材
经济管理类

CAIWU GUANLI
XUEXI ZHIDAO

财务管理学习指导

王士伟　编著

西南财经大学出版社
Southwestern University of Finance & Economics Press

图书在版编目(CIP)数据

财务管理学习指导/王士伟编著．—成都:西南财经大学出版社,2012.12
ISBN 978－7－5504－0931－6

Ⅰ.①财… Ⅱ.①王… Ⅲ.①财务管理—高等学校—教学参考资料
Ⅳ.①F275

中国版本图书馆 CIP 数据核字(2012)第 309685 号

财务管理学习指导

王士伟 编著

责任编辑:杨 琳
封面设计:杨红鹰
责任印制:封俊川

出版发行	西南财经大学出版社(四川省成都市光华村街 55 号)
网 址	http://www.bookcj.com
电子邮件	bookcj@foxmail.com
邮政编码	610074
电 话	028－87353785 87352368
照 排	四川胜翔数码印务设计有限公司
印 刷	四川森林印务有限责任公司
成品尺寸	170mm×240mm
印 张	10.5
字 数	205 千字
版 次	2012 年 12 月第 1 版
印 次	2012 年 12 月第 1 次印刷
印 数	1—2000 册
书 号	ISBN 978－7－5504－0931－6
定 价	19.80 元

前　言

本书是根据《财务管理》（第三版，张学功、王士伟、贾振奇编著）编写的配套学习指导，其结构和内容与教材基本一致。本书对教材各章节的重点和难点进行了概括的讲解和说明，并提供了大量的配套练习题及参考答案。编写本书的目的是为了帮助学生更好地理解和掌握教材的内容、重点及难点。通过学习和练习，使学生对财务管理的基本理论、基本概念、基本操作方法与程序有更深入的了解，为高级财务管理、管理会计、资产评估、投资学等相关课程的学习打下良好的基础。

各章包括三个部分：一是概括本章的重点、难点，并对难点进行讲解和说明；二是练习题，有单项选择题、多项选择题、判断题、名词解释、简答题和财务管理的相关业务处理题；三是练习题的参考答案。这些练习题根据教材的内容、学习目的和要求，从不同的角度有针对性地提出问题，对学生有效学习财务管理会有很大的帮助。

本书由河南财政税务高等专科学校的王士伟教授编写。在编写过程中，参考了中级会计师职业资格考试的《财务管理》、注册会计师考试的《财务成本管理》等教材及相关的考试辅导用书，借鉴了他人的长处，吸取了其中的精华。虽然编者本着认真、负责的态度编写本书，但是书中仍不可避免地存在着错误和不足，恳请读者批评指正。

编者

2012年7月

目　录

第一章　总论 …………………………………………………………… (1)
学习重点及难点 ………………………………………………… (1)
练习题 ……………………………………………………………… (2)
参考答案 …………………………………………………………… (7)

第二章　资金时间价值与风险分析 ……………………………… (10)
学习重点及难点 ………………………………………………… (10)
练习题 ……………………………………………………………… (11)
参考答案 …………………………………………………………… (15)

第三章　财务分析 ………………………………………………… (18)
学习重点及难点 ………………………………………………… (18)
练习题 ……………………………………………………………… (19)
参考答案 …………………………………………………………… (28)

第四章　企业筹资方式 …………………………………………… (34)
学习重点及难点 ………………………………………………… (34)
练习题 ……………………………………………………………… (35)
参考答案 …………………………………………………………… (40)

第五章　财务预测与预算 ………………………………………… (44)
学习重点及难点 ………………………………………………… (44)
练习题 ……………………………………………………………… (45)
参考答案 …………………………………………………………… (52)

第六章　资本成本与资本结构 …………………………………… (60)
学习重点及难点 ………………………………………………… (60)
练习题 ……………………………………………………………… (61)
参考答案 …………………………………………………………… (71)

目 录

第七章　项目投资 …………………………………………………… (79)
学习重点及难点 ……………………………………………… (79)
练习题 ………………………………………………………… (81)
参考答案 ……………………………………………………… (89)

第八章　证券投资 …………………………………………………… (96)
学习重点及难点 ……………………………………………… (96)
练习题 ………………………………………………………… (98)
参考答案 ……………………………………………………… (105)

第九章　流动资产管理 ……………………………………………… (112)
学习重点及难点 ……………………………………………… (112)
练习题 ………………………………………………………… (114)
参考答案 ……………………………………………………… (121)

第十章　股利分配 …………………………………………………… (127)
学习重点及难点 ……………………………………………… (127)
练习题 ………………………………………………………… (128)
参考答案 ……………………………………………………… (135)

第十一章　财务控制 ………………………………………………… (139)
学习重点及难点 ……………………………………………… (139)
练习题 ………………………………………………………… (141)
参考答案 ……………………………………………………… (149)

第十二章　资本经营财务 …………………………………………… (155)
学习重点及难点 ……………………………………………… (155)
练习题 ………………………………………………………… (156)
参考答案 ……………………………………………………… (159)

第一章
总　论

学习重点及难点

一、财务管理的含义和内容

企业财务，是指企业在生产经营过程中客观存在的资金运动及其所体现的经济利益关系。前者称为财务活动，后者称为财务关系。

财务管理，是企业组织财务活动、处理财务关系的一项综合性的管理工作。

二、财务管理的目标

企业财务管理目标是企业财务管理活动所希望实现的结果。企业财务管理目标有以下几种具有代表性的模式：

利润最大化目标。即假定在投资预期收益确定的情况下，财务管理行为将朝着有利于企业利润最大化的方向发展。

每股利润最大化目标。每股利润，是企业实现的归属于普通股股东的当期净利润同当期发行在外普通股的加权平均数的比值，可以反映投资者投入的资本获取回报的能力。因此，每股利润最大化目标是投资者进行投资决策时需要考虑的一个重要标准。但与利润最大化目标一样，该指标仍然没有考虑资金的时间价值和风险因素，也不能避免企业的短期行为，可能导致与企业的发展战略目标相背离。

企业价值最大化目标。企业价值就是企业的市场价值，是企业所能创造的预计未来现金流量的现值。企业价值最大化的财务管理目标，能够反映企业潜在的或预期的获利能力和成长能力。

三、相关利益群体的利益冲突及协调

协调相关利益群体的利益冲突，要把握的原则是：力求企业相关利益者的利益分配均衡，也就是减少因各相关利益群体之间的利益冲突所导致的企

业总体收益和价值的下降，使利益分配在数量上和时间上达到动态平衡。

经营者和所有者的主要矛盾，就是经营者希望在提高企业价值和股东财富的同时，能更多地增加享受成本；而所有者和股东则希望以较小的成本支出带来更大的企业价值或股东财富。

所有者的财务目标可能与债权人期望实现的目标发生矛盾。协调所有者与债权人矛盾的主要方法有：限制性借债、收回借款或停止借款。

四、财务管理的金融环境

财务管理的金融环境，主要包括金融机构、金融工具、金融市场和利率四个方面。

金融机构。社会资金从资金供应者手中转移到资金需求者手中，大多要通过金融机构。金融机构包括银行业金融机构和其他金融机构。

金融工具。即能够证明债权债务关系或所有权关系并据以进行货币资金交易的合法凭证，它对于交易双方所应承担的义务与享有的权利均具有法律效力。金融工具一般具有期限性、流动性、风险性和收益性四个基本特征。

金融市场。金融市场是指资金供应者和资金需求者双方通过金融工具进行交易的场所。

利率。利率也称利息率，是利息占本金的百分比指标。从资金的借贷关系看，利率是一定时期内运用资金资源的交易价格。利率主要是由资金的供给与需求来决定。但除这两个因素之外，经济周期、通货膨胀、国家货币政策和财政政策、国际政治经济关系、国家对利率的管制程度等，对利率的变动均有不同程度的影响。

练习题

一、单项选择题

1. 企业的财务管理目标是（　　）。

A. 利润最大化　　B. 风险最小化

C. 企业价值最大化　　D. 报酬率最大化

2. 资金作为一种特殊商品，以（　　）作为价格标准。

A. 纯利率　　B. 市场利率

C. 利率　　D. 法定利率

3. 所有者和经营者发生矛盾冲突的重要原因是（　　）。

A. 知识结构不一致　　B. 掌握的信息不一致

C. 具体的行为目标不一致　　D. 实际地位不同

4. 决定利息率高低的最基本的因素为（　　）。

A. 资金的需求和供应　　B. 国家对利率的管理程度

C. 货币政策和财政政策　　D. 经济周期与通货膨胀

5. 没有风险和通货膨胀情况下的均衡点利率是指（　　）。

A. 基准利率　　B. 固定利率

C. 纯利率　　D. 名义利率

6. 按利率变动与市场之间的关系，可将利率分为（　　）。

A. 实际利率与名义利率　　B. 市场利率与法定利率

C. 固定利率与浮动利率　　D. 基准利率与套算利率

7. 属于财务管理法律环境的是（　　）。

A. 经济周期　　B. 企业组织形式

C. 经济发展水平　　D. 经济政策

8. 当企业处于（　　）时，财务主管人员最感困难。

A. 盈利且扩大规模　　B. 亏损又扩大投资规模

C. 盈利并维持现有规模　　D. 亏损且维持现有规模

9. 资金的利率通常由（　　）几部分组成。

A. 纯利率

B. 纯利率加上通货膨胀补偿率

C. 纯利率加上风险报酬率

D. 纯利率加上风险报酬率再加上通货膨胀补偿率

10. 与债券信用等级有关的利率因素为（　　）。

A. 通货膨胀附加率　　B. 到期风险附加率

C. 违约风险附加率　　D. 纯粹利率

11. 依照债权人取得的报酬情况，利率可分为（　　）。

A. 固定利率和浮动利率　　B. 市场利率和法定利率

C. 名义利率和实际利率　　D. 基准利率和套算利率

12. 作为企业财务目标，每股利润最大化较之利润最大化的优点在于（　　）。

A. 考虑了资金时间价值因素

B. 反映了创造利润与投入资本的关系

C. 考虑了风险因素

D. 能够避免企业的短期行为

13. 在市场经济条件下，财务管理的核心是（　　）。

A. 财务预测　　B. 财务决策

C. 财务控制　　D. 财务预算

14. 作为企业财务目标，企业价值最大化的财务目标没有考虑的因素是（　　）。

A. 资本利润率　　B. 社会资源的合理配置

C. 资金使用的风险　　D. 企业账面净资产

15. 企业财务管理是企业经济管理工作的一个组成部分，其区别与其他经济管理工作的特点在于它是一种（　　）。

A. 劳动要素的管理　　B. 物资设备的管理

C. 资金的管理　　D. 使用价值的管理

16. 企业价值最大化目标强调的是企业的（　　）。

A. 实际利润额　　B. 实际投资获取利润额

C. 预期获利能力　　D. 实际投入资金

17. 财务关系是企业在组织财务活动过程中与有关各方面所发生的（　　）。

A. 经济往来关系　　B. 经济协作关系

C. 经济责任关系　　D. 经济利益关系

二、多项选择题

1. 企业价值最大化目标的优点有（　　）。

A. 考虑了资金的时间价值

B. 考虑了投资的风险价值

C. 反映了对企业资产保值增值的要求

D. 直接揭示了企业的获利能力

2. 企业财务活动包括（　　）。

A. 投资活动　　B. 筹资活动

C. 分配活动　　D. 资金营运活动

3. 下列项目中属于财务决策执行过程的有（　　）。

A. 项目计划　　B. 决策

C. 期间计划　　D. 控制

4. 从经济角度来看，宏观理财环境主要包括（　　）。

A. 产业政策　　B. 金融市场状况

C. 生产状况　　D. 国民经济发展水平

5. 下列说法中正确的有（　　）。

A. 企业的总价值与预期的报酬成正比

B. 企业的总价值与预期的风险成反比

C. 在风险不变时，报酬越高，企业总价值越大

D. 在报酬不变时，风险越低，企业总价值越大

6. 企业生存的基本条件是（　　）。

A. 以收抵支　　B. 筹集企业发展所需的资金

C. 到期偿债　　D. 有效利用资金

7. 债权人为了防止股东通过经营者伤害其经济利益，采取的主要办法是

(　　)。

A. 寻求法律方面的保护

B. 提前收回贷款

C. 在借款合同中加入某些限制性条款

D. 直接参与企业的经营决策

8. 影响纯利率高低的因素是（　　）。

A. 通货膨胀　　B. 资金供求关系

C. 平均利润率　　D. 国家调节

9. 金融市场利率的决定因素有（　　）。

A. 纯粹利率　　B. 通货膨胀附加率

C. 流动性风险报酬率　　D. 违约风险附加率

10. 股东通过经营者损害债权人利益的常见方式是（　　）。

A. 不经债权人的同意，投资于比债权人预期风险要高的新项目

B. 不顾工人的健康和利益

C. 不征得债权人同意而发行新债

D. 不是尽最大努力去实现企业财务管理目标

11. 在不存在通货膨胀的情况下，利率的组成因素包括（　　）。

A. 通货膨胀补偿率　　B. 违约风险报酬率

C. 期限风险报酬率　　D. 流动性风险报酬率

12. 一般而言，资金利率的组成因素包括（　　）。

A. 纯利率　　B. 违约风险报酬率

C. 流动性风险报酬率　　D. 期限风险报酬率

13. 以每股利润最大化作为企业财务管理目标，其优点有（　　）。

A. 考虑了资金时间价值和风险因素

B. 避免了短期行为

C. 反映了企业的盈利水平

D. 便于不同资本规模的企业之间的比较

14. 影响财务管理的主要金融环境因素有（　　）。

A. 企业组织形式　　B. 金融市场

C. 利息率　　D. 金融机构

15. 风险报酬率主要包括（　　）。

A. 违约风险报酬率　　B. 流动性风险报酬率

C. 期限风险报酬率　　D. 通货膨胀风险报酬率

16. 解决所有者与债权人之间矛盾的方法有（　　）。

A. 解聘　　B. 限制性借款

C. 收回借款　　D. 激励

17. 下列经济行为中，属于企业财务活动的有（　　）。

A. 资金营运活动　　B. 利润分配活动

C. 筹集资金活动　　D. 投资活动

18. 财务预测环节的工作主要包括（　　）几个步骤。

A. 明确预测目标　　B. 搜集相关资料

C. 建立预测模型　　D. 实施财务预测

19. 广义的分配活动包括（　　）。

A. 弥补生产经营耗费，缴纳流转税

B. 缴纳所得税

C. 提取公积金和公益金

D. 向股东分配股利

20. 下列各项属于企业在投资决策中必须考虑的因素有（　　）。

A. 投资规模　　B. 投资方向和投资方式

C. 投资风险　　D. 投资结构

三、判断题

1. “解聘”是一种通过市场约束经营者的办法。（　　）

2. 盈利企业也可能因不能偿还到期债务而无法继续经营下去。（　　）

3. 不断提高经理人员的工资和奖金，使之分享企业增加的财富，他们就会和股东的目标保持一致。（　　）

4. 企业与政府之间的财务关系体现为一种投资与受资关系。（　　）

5. 合理确定利润的分配方案，可以提高企业的价值。（　　）

6. 财务管理的目标要取决于企业的总目标。（　　）

7. 企业财务管理处于一定环境之中，其中经济环境必然影响企业的筹资、投资和资金营运活动，因此经济环境是企业最为主要的环境因素。（　　）

8. 利润最大化是企业寻求的最重要目标，因此利润最大化是企业财务管理的最恰当目标。（　　）

9. 每股利润最大化的目标没有考虑资金时间价值和风险因素，不能避免企业的短期行为。（　　）

10. 从财务管理的角度来看，企业价值所体现的资产的价值既不是其成本价值，也不是其现实的会计收益。（　　）

11. 企业的资金运动，既表现为钱与物的增减变动，又体现了人与人之间的经济利益关系。（　　）

12. 企业价值最大化直接反映了企业所有者的利益，它与企业经营者没有直接的利益关系。（　　）

13. 财务管理的经济环境包括经济周期、经济发展水平、经济政策和

金融市场状况。（　　）

14．期限风险报酬率是指对于一项负债，到期日越长，债权人面临的不确定因素就越多，承受的风险也越大，为弥补这种风险而要求提高的利率。（　　）

15．金融市场可以是有形的市场，也可以是无形的市场。（　　）

16．在协调所有者与经营者矛盾的方法中，“接收”是一种通过所有者来约束经营者的方法。（　　）

17．从资金的借贷关系看，利率是一定时期运用资金资源的交易价格。（　　）

18．利润额可以反映企业价值最大化目标的实现程度。（　　）

19．如果企业现有资金不能满足企业经营的需要，还要采取短期借款的方式来筹集所需资金，这样产生的企业资金收付，属于筹资活动。（　　）

20．短期证券市场由于交易对象易于变为货币，所以也称为资本市场。（　　）

21．随着分配过程的进行，资金或者退出或者留存企业，它必然会影响企业的资金运动，这不仅会表现在资金运动的规模上，而且会表现在资金运动的结构上。（　　）

四、名词解释

财务管理　财务管理目标　企业价值最大化　金融市场　投资决策　融资　股利分配

五、简答题

1．企业财务管理的基本观念有哪些？

2．企业财务活动的内容有哪些？

3．净增效益原则的内涵是什么？

参考答案

一、单项选择题

1. C　2. A　3. C　4. A　5. C　6. B　7. B　8. B　9. D　10. C　11. C　12. B　13. B　14. D　15. C　16. C　17. D

二、多项选择题

1．ABC　2．ABCD　3．CD　4．ABD　5．ACD　6．AC　7．ABC　8．CD　9．ABCD　10．AC　11．BCD　12．ABCD　13．CD　14．BCD　15．ABC　16．BC　17．ABCD　18．ABCD　19．ABCD　20．ABCD

三、判断题

1. × 2. √ 3. × 4. × 5. √ 6. × 7. √ 8. × 9. ×
10. √ 11. √ 12. √ 13. √ 14. × 15. √ 16. √ 17. × 18. √
19. × 20. × 21. ×

四、名词解释

财务管理：是企业获得资金和有效使用资金的管理活动，财务管理的核心是企业的资金管理。财务管理具体表现为对企业资金供需的预测、组织、协调、分析、控制等方面。通过有效的理财活动，可以理顺企业资金流转程序和各项分配关系，以确保生产经营的顺利进行，使各方面的利益要求得到满足。

财务管理目标：是财务管理活动所要达到的目的和境界，是评价财务管理活动是否合理的标准。财务目标直接决定了各种财务决策的选择，它直接影响到财务理论体系的构建，是一个重要的不容忽视的财务实践问题。

企业价值最大化：企业价值最大化是财务管理的目标之一，企业价值最大化包括股东财富最大化和债权人价值最大化两方面。因此财务管理过程中，必须均衡考虑股东利益和债权人利益，因为两者都是企业资金的供应者，都应该受到关注。

金融市场：指资金供应者和需求者双方通过各种形式融通资金的交易场所。金融市场有两个基本特征：①金融市场的交易对象是资金供应者直接或通过中介把资金让渡给资金需求者所使用的金融工具。②金融市场可以是有形的市场，如银行、证券交易所等；也可以是无形的市场，如利用电脑、电传、电话等设施，通过经纪人进行资金融通活动。

投资决策：为了企业的长期生存和发展，在充分估计影响企业长期发展的内外环境等各种因素的基础上，对企业长期投资做出的总体规划和部署。

融资：企业融资是企业根据生产经营、对外投资和调整资本结构等的需要，通过金融机构和金融市场，运用适当的方式获取所需资金的一种理财活动。

股利分配：是指对企业盈余的管理，即企业产生利润后，拿出多少向股东分配，还有多少用于留存收益。

五、简答题

1. 企业财务管理的基本观念

①资金的时间价值：这是财务管理中最基本的观念，是指资金会随着时间的延续而不断增值。②风险报酬：在财务管理中，任何财务决策都是在风险与收益的博弈中做出的均衡决策。由此引出了风险报酬的观念，承担风险的同时会获得较高的报酬，即风险报酬。③利率与通货膨胀：利率的波动和

通货膨胀会影响到财务管理活动，对企业的融资成本、期望投资收益、采购成本、人工成本等产生作用。④现金流转：在财务管理中，现金流量比会计学上的收入与成本更重要。企业现金流量的充足与否将影响到公司的价值和偿债能力。

2. 企业财务活动的内容

（1）筹资活动。所谓筹资，是指企业为了满足投资和用资的需要，筹措和集中所需资金的过程。在筹资过程中，企业一方面要确定筹资的总规模，以保证投资所需要的资金；另一方面要通过筹资渠道、筹资方式或工具的选择，合理确定筹资结构，以降低筹资成本和风险，提高企业价值。

（2）投资活动。企业投资可以分为广义的投资和狭义的投资两种。广义的投资是指企业将筹集的资金投入使用的过程，包括企业内部使用资金的过程（如购置流动资产、固定资产、无形资产等）和对外投放资金的过程（如投资购买其他企业的股票、债券或与其他企业联营等）。狭义的投资仅指对外投资。无论企业购买内部所需资产，还是购买各种证券，都需要支付资金。

（3）资金营运活动。因企业日常生产经营而引起的财务活动，称为资金营运活动。企业的营运资金主要是为满足企业日常营业活动的需要而垫支的资金。在一定时期内，营运资金周转越快，资金的利用效率就越高，就可能生产出更多的产品，获得更多的收入。

（4）分配活动。企业通过投资或资金营运活动可以取得相应的收入，并实现资金的增值。从广义上说，分配是指对企业各种收入进行分割和分派的过程；而狭义的分配仅指对企业净利润的分配。

3. 净增效益原则的内涵

净增效益原则是指财务决策建立在净增效益的基础上，一项决策的价值取决于它和替代方案相比所增加的净收益。在财务决策中净收益通常用现金流量计量，一个方案的净收益是指该方案现金流入减去现金流出的差额，也称为现金流量净额。一个方案的现金流入是指该方案引起的现金流入量的增加额；一个方案的现金流出是指该方案引起的现金流出量的增加额。“方案引起的增加额”，是指这些现金流量依存于特定方案，如果不采纳该方案就不会发生这些现金流入和流出。

第二章 资金时间价值与风险分析

学习重点及难点

一、货币时间价值

货币时间价值是指货币经历一定时间的投资和再投资所增加的价值，也称为资金时间价值。这种价值增值量的规定性与时间的长短、收益率的高低、资金周转次数的多少有关。这是因为资金的循环和周转以及因此实现的货币增值，需要或多或少的时间，每完成一次循环，货币就增加一定数额，周转的次数越多，增值额也越大。

二、货币时间价值的计算

为了计算货币时间价值量，一般用“现值”和“终值”两个概念表示不同时期的货币时间价值。现值，又称本金，是指资金现在的价值。终值，又称本利和，是指资金经过若干时期后包括本金和时间价值（利息）在内的未来价值。通常有单利终值与现值、复利终值与现值、年金终值与现值。

三、名义利率与实际利率

当每年复利次数超过一次时，这样的年利率叫作名义利率，而每年只复利一次的利率叫作实际利率。利息在一年中复利多少次，称为复利计息频数。在时间相同、本金相等、利率相同的情况下，复利计息频数越高，其终值也越大。

四、风险的概念与构成要素

一般说来，风险是指在一定条件下和一定时期内可能发生的各种结果的变动程度。风险和不确定性有区别。风险是指事前可以知道所有可能的后果，以及每种后果的概率。不确定性是指事前不知道所有可能的后果，或者虽然知道可能的后果但不知道它们出现的概率。从财务的角度来说，风险主要指无法达到预期报酬而发生不利损失的可能性。它由风险因素、风险事故和风险损失三个要素构成。

练习题

一、单项选择题

1. 即付年金现值系数与普通年金现值系数的关系是（　　）。

A. 期数减 1，系数加 1　　B. 期数减 1，系数减 1

C. 期数加 1，系数加 1　　D. 期数加 1，系数减 1

2. A 方案在三年中每年年初付款 500 元，B 方案在三年中每年年末付款 500 元，若利率为 10%，则两个方案第三年年末时的终值相差（　　）元。

A. 105　　B. 165.5

C. 655.5　　D. 505

3. 普通年金终值系数的倒数称为（　　）。

A. 偿债基金　　B. 偿债基金系数

C. 年回收额　　D. 投资回收系数

4. 某项投资四年后可得收益 50 000 元，年利率为 8%，则现在应投入（　　）元。

A. 36 750　　B. 50 000

C. 36 851　　D. 38 652

5. 与年金现值系数互为倒数的是（　　）。

A. 复利终值系数　　B. 投资回收系数

C. 复利现值系数　　D. 偿债基金系数

6. 即付年金终值系数与普通年金终值系数的关系是（　　）。

A. 期数要减 1　　B. 系数要加 1

C. 期数要加 1，系数要减 1　　D. 期数要减 1，系数要加 1

7. 在利息率和现值相同的情况下，若计息期为一期，则复利终值和单利终值（　　）。

A. 前者大于后者　　B. 相等

C. 无法确定　　D. 不相等

8. 甲乙两方案的预计投资报酬率均为 25%，甲方案标准差小于乙方案标准差，则下列说法中正确的是（　　）。

A. 甲方案风险大于乙方案风险　　B. 甲方案风险小于乙方案风险

C. 甲乙方案风险相同　　D. 甲乙方案风险不能比较

9. （　　）因素引起的风险，企业可以通过多元化投资予以分散。

A. 经济衰退　　B. 市场利率上升

C. 通货膨胀　　D. 技术革新

10. 某优先股股东，每半年分得优先股股息 2 元，而此时市场利率（年利率）为8%，则此优先股股东可能卖出股票的条件是（　　）。

A. 股价低于50元　　B. 股价高于25元

C. 股价高于50元　　D. 股价低于25元

11. 投资于国库券时不必考虑的风险是（　　）。

A. 违约风险　　B. 利率风险

C. 购买力风险　　D. 再投资风险

12. 已知甲方案投资收益率的期望值为15%，乙方案投资收益率的期望值为12%，两个方案都存在投资风险。比较甲乙两方案风险大小应采用的指标是（　　）。

A. 方差　　B. 净现值

C. 标准离差　　D. 标准离差率

13. 下列各项中，不能通过证券组合分散的风险是（　　）。

A. 非系统性风险　　B. 公司特别风险

C. 可分散风险　　D. 市场风险

14. 从投资人的角度看，下列观点中不能被认同的是（　　）。

A. 有些风险可以分散，有些风险则不能分散

B. 额外的风险要通过额外的收益来补偿

C. 投资分散化是好的事件与不好事件的相互抵消

D. 投资分散化降低了风险，也降低了预期收益

二、多项选择题

1. 普通年金现值系数表的用途是（　　）。

A. 已知年金求现值　　B. 已知现值求年金

C. 已知终值求现值　　D. 已知现值、年金和利率求期数

2. 就货币的时间价值而言，下列表述中正确的有（　　）。

A. 货币的时间价值不可能由“时间”创造，而只能由劳动创造

B. 只要把货币作为资金投入生产经营就能产生时间价值

C. 时间价值的相对数是指扣除风险报酬和通货膨胀补偿以后的平均资金利润率或平均报酬率

D. 时间价值的绝对数是资金在生产经营过程中带来的增值额的一部分

3. 永续年金具有的特点为（　　）。

A. 没有终值　　B. 没有期限

C. 每期不等额支付　　D. 每期等额支付

4. 期望投资报酬率应当包括（　　）。

A. 平均资金利润率　　B. 风险报酬率

C. 通货膨胀补偿　　D. 无风险报酬率

5. （　　）因素引起的风险，企业不能通过多元化投资予以分散。

A. 市场利率上升　　B. 经济衰退

C. 技术革新　　D. 通货膨胀

6. 市场风险产生的原因有（　　）。

A. 经济衰退　　B. 通货膨胀

C. 战争　　D. 罢工

7. 关于风险，下列表述中正确的有（　　）。

A. 理论上讲风险和不确定性是一回事

B. 投资项目的风险大小是一种客观存在

C. 风险是一定条件下、一定时期内可能发生的各种结果的变动程度

D. 某一随机事件只有一种结果，则无风险

8. 关于概率，下列说法中正确的有（　　）。

A. 必然发生的事件，其概率为1

B. 不可能发生的事件，其概率为0

C. 随机事件的概率一般介于0与1之间

D. 概率越小，表示该事件发生的可能性越大

9. 当两个投资项目期望投资报酬率相同时，下列说法中不正确的有（　　）。

A. 两项目风险程度一定相同　　B. 方差大的项目风险大

C. 方差大的项目风险小　　D. 标准差大的项目风险小

10. 关于投资者要求的投资报酬率，下列说法中正确的有（　　）。

A. 风险程度越高，要求的报酬率越低

B. 无风险报酬率越高，要求的报酬率越高

C. 无风险报酬率越低，要求的报酬率越高

D. 风险程度、无风险报酬率越高，要求的报酬率越高

11. 投资决策中用来衡量项目风险的，可以是项目的（　　）。

A. 预期报酬率　　B. 各种可能的报酬率的概率分布

C. 预期报酬率的置信区间及其概率　　D. 预期报酬率的方差

12. 关于风险和期望投资报酬率的关系，正确的表达公式为（　　）。

A. 期望投资报酬率 = 无风险报酬率 + 风险报酬率

B. 期望投资报酬率 = 无风险报酬率 + 风险报酬斜率

C. 期望投资报酬率 = 无风险报酬率 + 风险报酬斜率 × 风险程度

D. 期望投资报酬率 = 无风险报酬率 + 风险程度

13. 企业的财务风险主要来自（　　）。

A. 市场销售带来的风险　　B. 生产成本因素产生的风险

C. 借款筹资增加的风险　　D. 筹资决策带来的风险

三、判断题

1. 六年分期付款购物，每年年初付500元，设银行利率为10%，该项分期付款相当于一次性现金支付的购价是2 395.50元。（ ）

2. 优先股的股利可视为永续年金。（ ）

3. 企业需用一设备，买价为3 600元，可用10年，如租赁则每年年初需付租金500元。除此以外，买与租的其他情况相同。假设利率为10%，则租赁该设备较优。（ ）

4. 递延年金终值受递延期的影响，递延期越长，递延年金的终值越小；递延期越短，递延年金的终值越大。（ ）

5. 如果企业取得的借款在一年内按复利多次计息，则借款的名义年利率将高于借款实际年利率。（ ）

6. 永续年金的期限为∞，故永续年金没有终值。（ ）

7. 采用多元经营控制风险的唯一前提是所经营的各种商品的利润率存在负相关关系。（ ）

8. 对于特定的投资机会来说，给定的置信区间越大，则相应的置信概率也越大。（ ）

9. 风险和收益是对等的，高风险的投资项目必然会获得高收益。（ ）

10. "在风险相同的情况下，投资报酬率可以体现股东财富"，这种说法是错误的。（ ）

11. 某投资项目的报酬率呈正态分布，其期望值为15%，标准差为3.87%，则该项目肯定盈利，不会出现亏损。（ ）

12. 如果大家都不愿意冒险，风险报酬斜率就小，风险报酬率也越低。（ ）

13. 随机变量的期望值反映的是随机变量取值的平均化，它是根据随机变量的各个取值乘以相应的概率计算的加权平均数。（ ）

14. 如果用Pi表示随机事件各种可能结果的相应概率，则它应满足的唯一条件是：$0 \leq Pi \leq 1$。（ ）

四、名词解释

货币时间价值　复利终值　复利现值　年金　普通年金　预付年金
递延年金　永续年金　财务风险　系统风险　预期值　离散程度

五、简答题

1. 货币时间价值的表现形式有哪些？

2. 偿债基金与年金终值之间有何关系？

3. 从投资主体的角度看风险可以分为哪几类？

六、业务题

1. 某人退休时有现金10万元，拟选择一项回报比较稳定的投资，希望每个季度能收入2 000元以补贴生活。那么，该项投资的实际报酬率应为多少？

2. 某项永久性奖学金，每年计划颁发50 000元奖金。若年复利率为8%，该奖学金的本金应为多少元？

3. 一项100万元借款，借款期限为三年，年利率为8%，每半年复利一次，则实际利率比名义利率高多少？

4. 有一项年金，前四年无流入，后五年每年年初流入400万元，假设年利率为10%。其现值为多少？

5. 某公司拟购置一条生产线，供货方提出两种付款方案：

（1）从现在起，每年年初支付20万元，连续支付10次，共200万元；

（2）从第三年开始，每年年初支付25万元，连续支付10次，共支付250万元。

假设该公司的资本成本率（即最低投资报酬率）为10%，你认为该公司应选择哪个方案？

参考答案

一、单项选择题

1. A　2. B　3. B　4. A　5. B　6. C　7. B　8. B　9. D
10. C　11. A　12. D　13. D　14. D

二、多项选择题

1. ABD　2. CD　3. ABD　4. BD　5. ABD
6. ABC　7. BCD　8. ABC　9. ACD　10. BD
11. BCD　12. AC　13. CD

三、判断题

1. √　2. √　3. √　4. ×　5. ×　6. √　7. ×　8. √　9. ×
10. ×　11. √　12. ×　13. √　14. ×

四、名词解释

货币时间价值：是指货币经历一定时间的投资和再投资所增加的价值，也称资金时间价值。

复利终值：是指按复利方法计算的一定资金在未来某一时期的本利和。其计算公式为 $S = P \cdot (1 + i)^n$。

复利现值：是复利终值的逆运算，是指在已知未来某一资金本利和的情况下计算其本金。复利现值的计算公式为 $P=\frac{S}{(1+i)^n}=S\cdot(1+i)^{-n}$。

年金：是指等额、定期的系列收支。如折旧、租金、利息、保险金等通常都采用年金的形式。

普通年金：又称后付年金，是指一定时期内每期期末等额的系列收付款项。一般情况下，凡涉及年金问题，如不作特殊说明，均指普通年金。

预付年金：也称先付年金或即期年金，它是在每期期初等额的系列收付款的年金。

递延年金：又称为延期年金，是指在最初若干期没有收付款的情况下，后面若干期期末有等额的系列收付款项的年金。

永续年金：是指无限期的定额收付的年金，如存本付息、奖学金等都是永续年金的形式。永续年金没有终止的时间，也就没有终值。

财务风险：是指因借款而增加的风险，是筹资决策带来的风险，也叫筹资风险。

系统风险：是指那些无法用多元化投资分散的风险，亦称为不可分散风险。

预期值：随机变量的各个取值，以相应的概率为权数的加权平均数，叫作随机变量的预期值（数学期望或均值），它反映随机变量取值的平均化。

离散程度：离散程度是用以衡量风险大小的指标。表示随机变量离散程度的指标主要有方差、标准离差和标准离差率等。

五、简答题

1. 货币时间价值的表现形式：一是绝对数，即利息；二是相对数，即利率。

2. 偿债基金是指为了在约定的未来某一时点，清偿某笔债务或积聚一定数额的资金而必须分次等额提取的存款准备金。由于每次提取的等额准备金类似年金存款，因而同样可以获得按复利计算的利息，所以债务实际上等于年金终值，每年提取偿债基金等于分次存款。也就是说，偿债基金的计算实际上是年金终值的逆运算。

3. 从投资主体的角度划分，风险分为市场风险和公司特有风险两类。市场风险主要是指市场经济活动中的常规风险，如信用风险、资本风险、利率风险、流动性风险等。这类风险的特点是不能通过多元化投资予以分散。公司特有风险是指发生于个别公司的特有事件造成的风险，如罢工、技术革新、新产品开发失败等。这类风险的特点是可以通过多元化投资予以分散。

六、业务题

1. 答案：8.24%

2. 答案：625 000 元

3．答案：12%

4．答案：

$$
\begin{aligned}
\text{现值} &= 400[(P/A,10\%,4)+1](P/F,10\%,4) \\
&= 400\times(3.1699+1)\times0.6830 \\
&= 1139.27\ (\text{万元})
\end{aligned}
$$

5．答案：

将两方案的付款金额都转化为现值或终值，在同一基础上进行比较，金额最低者为最佳。

下面将两方案的款项转化为现值进行比较：

(1) $P_0 = 20\times[(P/A,10\%,9)+1]$
$= 20\times(5.759+1)$
$= 135.18$（万元）

(2) $P_0 = 25\times(P/A,10\%,10)\times(P/F,10\%,5)$
$= 25\times6.1446\times0.7513$
$= 115.41$（万元）

所以，第二种方案最优。

第三章 财务分析

学习重点及难点

一、财务分析的内容

财务分析信息的需求者主要包括企业所有者、企业债权人、企业经营决策者和政府等。不同主体出于不同的利益考虑，对财务分析信息有着各自不同的要求。企业所有者作为投资人，关心其资本的保值和增值状况，因此较为重视企业获利能力指标。企业债权人因不能分享企业剩余收益，他们首先关注的是其投资的安全性，因此更重视企业的偿债能力指标。企业经营决策者必须对企业经营理财的各个方面，包括运营能力、偿债能力、获利能力及发展能力的全部信息予以详尽的了解和掌握。政府兼具多重身份，既是宏观经济管理者，又是国有企业的所有者和重要的市场参与者，因此政府对企业财务分析的关注点因身份不同而异。总的来看，财务分析的基本内容包括偿债能力分析、运营能力分析、获利能力分析和发展能力分析，四者是相辅相成的关系。

二、趋势分析法

趋势分析法又称水平分析法，是通过对比两期或连续数期财务报告中的相同指标，确定其增减变动的方向、数额和幅度，来说明企业财务状况或经营成果的变动趋势的一种方法。趋势分析法的具体运用主要有重要财务指标的比较、会计报表的比较和会计报表项目构成的比较三种方式。

三、因素分析法

因素分析法是依据分析指标与其影响因素的关系，从数量上确定各因素对分析指标影响方向和影响程度的一种方法。采用这种方法的出发点在于，当有若干因素对分析指标产生影响时，假定其他各个因素都无变化，可确定每一个因素单独变化所产生的影响。因素分析法具体有两种：连环替代法和差额分析法。

四、净资产收益率

净资产收益率，是企业一定时期内净利润与平均净资产的比率，反映了企业自有资金的投资收益水平。其计算公式为：

$$净资产收益率 = \frac{净利润}{年平均净资产}$$

其中，平均净资产 =（所有者权益年初数 + 所有者权益年末数）÷2

一般认为，净资产收益率越高，企业自有资本获取收益的能力越强，运营效益越好，对企业投资人、债权人利益的保障程度越高。

五、杜邦财务分析体系

杜邦财务分析体系（简称杜邦体系），是利用各财务指标间的内在关系，对企业综合经营理财及经济效益进行系统分析评价的方法。该体系以净资产收益率为核心，将其分解为若干财务指标，通过分析各分解指标的变动对净资产收益率的影响来揭示企业获利能力及其变动原因。杜邦体系各主要指标之间的关系如下：

净资产收益率 = 总资产净利率 × 权益乘数

= 营业净利率 × 总资产周转率 × 权益乘数

在具体运用杜邦体系进行分析时，可以采用因素分析法，首先确定营业净利率、总资产周转率和权益乘数的基准值，然后顺次代入这三个指标的实际值，分别计算分析这三个指标的变动对净资产收益率的影响方向和程度；还可以使用因素分析法进一步分解各个指标并分析其变动的深层次原因，找出解决问题的方法。

练习题

一、单项选择题

1. 某企业本年销售收入为 20 000 元，应收账款周转率为 4，期初应收账款余额 3 500 元，则期末应收账款余额为（　　）元。

A. 5 000　　B. 6 000

C. 6 500　　D. 4 000

2. 下列财务比率中，可以反映企业偿债能力的是（　　）。

A. 平均收款期　　B. 销售利润率

C. 市盈率　　D. 已获利息倍数

3. 下列各项中能提高企业已获利息倍数的是（　　）。

A. 用抵押借款购买厂房　　B. 宣布并支付现金股利

C. 所得税率降低　　D. 成本下降利润增加

4. 某公司的部分年末数据为：流动负债60 万元，速动比率2.5，流动比率3.0，销售成本50 万元，则年末存货周转次数为（　　）。

A. 1.2 次　　B. 2.4 次

C. 1.67 次　　D. 以上都不对

5. 下列指标中反映企业销售盈利能力的指标是（　　）。

A. 销售净利率　　B. 已获利息倍数

C. 产权比率　　D. 总资产周转天数

6. A 公司 2011 年销售净收入为 315 000 元，应收账款年末数为 18 000 元，年初数为 16 000 元，其应收账款周转次数为（　　）。

A. 10　　B. 18.52

C. 15　　D. 20

7. 在财务分析中，最关心企业资本保值增值状况和盈利能力的利益主体是（　　）。

A. 企业所有者　　B. 企业经营决策者

C. 企业债权人　　D. 政府经济管理机构

8. 某公司年初负债总额为 800 万元（流动负债 220 万元，长期负债 580 万元），年末负债总额为 1 060 万元（流动负债 300 万元，长期负债 760 万元）。年初资产总额 1 680 万元，年末资产总额 2 000 万元，则权益乘数为（　　）。

A. 2.022　　B. 2.128

C. 1.909　　D. 2.1

9. 运用杜邦财务分析体系的核心指标是（　　）。

A. 总资产报酬率　　B. 总资产周转率

C. 净资产收益率　　D. 销售利润率

10. 利息保障倍数不仅反映了企业获利能力，而且反映了（　　）。

A. 总偿债能力　　B. 短期偿债能力

C. 长期偿债能力　　D. 经营能力

11. 较高的现金流动负债比率一方面会使企业资产的流动性较强，另一方面也会带来（　　）。

A. 存货购进的减少　　B. 销售机会的丧失

C. 利息的增加　　D. 机会成本的增加

12. 与产权比率相比较，资产负债率评价企业偿债能力的侧重点是（　　）。

A. 揭示财务结构的稳健程度

B. 揭示债务偿付安全性的物质保障程度

C. 揭示主权资本对偿债风险的承受能力

D. 揭示负债与资本的对应关系

13. 某企业应收账款周转次数为4.5次。假设一年按360天计算，则应收账款周转天数为（　　）。

A. 0.2天　　B. 81.1天

C. 80天　　D. 730天

14. 下列中属于从企业资源配置结构方面反映企业长期偿债能力的指标是（　）。

A. 资产负债率　　B. 产权比率

C. 长期资产适合率　　D. 固定资产成新率

15. 某企业2011年流动资产平均余额为100万元，流动资产周转次数为7次。若企业2011年销售利润为210万元，则该年销售利润率为（　　）。

A. 30%　　B. 50%

C. 40%　　D. 15%

16. 某公司上年度和本年度的流动资产年均占用额分别为100万元和120万元，流动资产周转率分别为6次和8次，则本年比上年销售收入增加（　）万元。

A. 180　　B. 360

C. 320　　D. 80

17. 影响速动比率可信性的主要因素是（　　）。

A. 存货的变现能力　　B. 短期证券的变现能力

C. 产品的变现能力　　D. 应收账款的变现能力

18. 当企业的流动比率小于1时，赊购原材料将会（　　）。

A. 增大流动比率　　B. 降低流动比率

C. 减少营运资金　　D. 增大营运资金

19. 甲公司负债总额为700万元，资产总额为2 400万元，则甲公司的产权比率为（　　）。

A. 0.589　　B. 0.412

C. 0.292　　D. 0.708

20. M公司资产总额为60万元，负债总额为200万元，则该公司的权益乘数为（　　）。

A. 0.33　　B. 3

C. 1.50　　D. 2.5

21. 在分析财务信息时，企业的债权人最关注（　　）。

A. 企业的投资报酬率　　B. 企业的经营理财能力

C. 社会效益　　D. 债权的安全性

22. 若甲公司的权益乘数为$\frac{8}{5}$，则该企业的产权比率为（　　）。

A. $\frac{5}{8}$　　B. $\frac{8}{5}$

C. $\frac{5}{3}$　　D. $\frac{3}{5}$

23. 下列指标中，属于效率比率的是（　　）。

A. 流动比率　　B. 资产利润率

C. 资产负债率　　D. 流动资产占全部资产的比重

24. 在其他条件不变的情况下，如果企业过度提高现金比率，可能导致的结果是（　　）。

A. 财务风险加大　　B. 获利能力提高

C. 营运效率提高　　D. 机会成本增加

25. 在其他条件不变的情况下，下列经济业务中可能导致总资产报酬率下降的是（　　）。

A. 用银行存款支付一笔销售费用　　B. 用银行存款购入一台设备

C. 将可转换债券转换成优先股　　D. 用银行存款归还银行借款

26. 某公司年末会计报表上部分数据为：流动负债 60 万元，流动比率为 2，速动比率为 1.2，销售成本 100 万元，年初存货为 52 万元，则本年度存货周转次数为（　　）。

A. 1.65 次　　B. 2 次

C. 2.3 次　　D. 1.45 次

27. 衡量企业偿还到期债务能力的直接标志是（　　）。

A. 有足够的资产　　B. 有足够的流动资产

C. 有足够的存货　　D. 有足够的现金

28. 某企业库存现金 2 万元，银行存款 68 万元，短期投资 80 万元，待摊费用 15 万元，应收账款 50 万元，存货 100 万元，流动负债 750 万元。据此，计算出该企业的速动比率为（　　）。

A. 0.2　　B. 0.093

C. 0.003　　D. 0.267

29. 产权比率与权益乘数的关系是（　　）。

A. 产权比率 × 权益乘数 = 1

B. 权益乘数 = 1/(1 − 产权比率)

C. 权益乘数 = (1 + 产权比率)/产权比率

D. 权益乘数 = 1 + 产权比率

二、多项选择题

1. 一般情况下，影响流动比率的主要因素有（　　）。

A. 营业周期　　B. 存货周转速度
C. 应收账款数额　　D. 流动负债数额

2. 为了了解企业财务状况的发展趋势，应当使用（　　）的方法。
A. 多期比较分析　　B. 标准比率分析
C. 结构百分比分析　　D. 定基百分比分析

3. 能够分析企业长期偿债能力的指标有（　　）。
A. 已获利息倍数　　B. 有形净值债务率
C. 产权比率　　D. 资产负债率

4. 应收账款周转率提高意味着（　　）。
A. 短期偿债能力增强　　B. 收账费用减少
C. 收账迅速，账龄较短　　D. 销售成本降低

5. 反映企业保护债权人利益程度的指标有（　　）。
A. 资产负债率　　B. 产权比率
C. 资产净利率　　D. 有形净值债务率

6. 产权比率与资产负债率相比较，（　　）。
A. 两个比率对评价偿债能力的作用基本相同
B. 资产负债率侧重于分析债务偿付安全性的物质保障程度
C. 产权比率侧重于揭示财务结构的稳健程度
D. 产权比率侧重于揭示自有资金对偿债能力的承受风险

7. 关于财务分析有关指标的说法中，正确的有（　　）。
A. 因为速动比率比流动比率更能反映出流动负债偿还的安全性和稳定性，所以速动比率低的企业不可能到期偿还其流动负债
B. 产权比率揭示了企业负债与资本的对应关系
C. 与资产负债率相比，产权比率侧重于揭示财务结构的稳健程度以及权益资本对偿债风险的承受能力
D. 较之流动比率或速动比率，以现金流动负债比率来衡量企业短期债务的偿还能力更为保险

8. 影响净资产收益率的因素有（　　）。
A. 流动负债和长期负债的比率　　B. 资产负债率
C. 销售净利率　　D. 资产周转率

9. 企业盈利能力分析可以运用的指标有（　　）。
A. 销售利润率　　B. 资产周转率
C. 资产利润率　　D. 资本利润率

10. 对资产负债率评价正确的有（　　）。
A. 从债权人角度看，负债比率越大越好
B. 从债权人角度看，负债比率越小越好

C. 从股东角度看，负债比率越大越好

D. 从股东角度看，当全部资本利润率高于债务利息率时，负债比率越大越好

11. 计算速动比率时，从流动资产中扣除存货的重要原因是（　　）。

A. 存货的价值较大　　B. 存货的质量难以保证

C. 存货的变现能力较弱　　D. 存货的变现能力不稳定

12. 反映企业盈利能力状况的财务指标有（　　）。

A. 主营业务利润率　　B. 总资产报酬率

C. 净资产收益率　　D. 资本保值增值率

13. 财务分析的方法主要有（　　）。

A. 趋势分析法　　B. 差额分析法

C. 比率分析法　　D. 因素分析法

14. 反映企业营运能力的指标包括（　　）。

A. 净资产收益率　　B. 流动资产周转率

C. 固定资产周转率　　D. 存货周转率

15. 最能直接反映销售获利能力的指标是（　　）。

A. 主营业务利润率　　B. 成本费用利润率

C. 净资产收益率　　D. 营业利润率

16. 利息保障倍数指标所反映的企业财务层面包括（　　）。

A. 获利能力　　B. 长期偿债能力

C. 短期偿债能力　　D. 发展能力

17. 在其他条件不变的情况下，会引起总资产周转率指标上升的经济业务是（　　）。

A. 用现金偿还负债　　B. 借入一笔短期借款

C. 用银行存款购入一台设备　　D. 用银行存款支付一年的电话费

18. 如果流动比率过高，意味着企业存在（　　）几种可能。

A. 存在闲置现金　　B. 存在存货积压

C. 应收账款周转缓慢　　D. 偿债能力很差

三、判断题

1. 一般而言，利息保障倍数越大，表明企业可以偿还债务利息的可能性也越大。（　　）

2. 在总资产报酬率不变的情况下，资产负债率越低，净资产收益率越高。（　　）

3. 权益乘数的高低取决于企业的资本结构，负债比率越高，权益乘数越低，财务风险越大。（　　）

4. 应收账款周转率指标无助于对企业速动比率的分析。（　　）

5. 现金比率的提高不仅增加资产的流动性，也会使机会成本增加。（　　）

6. 企业投资者在进行财务分析时，最关心的是企业是否有足够的支付能力，以保证其债务本息能够及时、足额地得到偿还。（　　）

7. 权益乘数表示企业盈利能力，权益乘数越大，企业盈利能力越强。（　　）

8. 净资产收益率是所有比率中综合性最强的、最具有代表性的一个指标，它是杜邦财务分析体系的核心。（　　）

9. 产权比率与资产负债率的主要区别是：资产负债率侧重于分析债务偿还安全性的物质保障程度，产权比率则侧重于揭示财务结构的稳健程度以及自有资金对偿债风险的承受能力。（　　）

10. 在总资产利润率不变的情况下，资产负债率越高，净资产收益率越低。（　　）

11. 某公司今年与上年相比，销售收入增长10%，净利润增长8%，资产总额增加12%，负债总额增加9%，由此可以判断，该公司净资产收益率比上年下降了。（　　）

12. 既是企业盈利能力指标的核心，也是整个财务指标体系的核心指标的是净资产收益率。（　　）

13. 流动比率与速动比率之差等于现金流动负债比率。（　　）

14. 某企业去年的销售净利率为5.73%，资产周转率为2.17；今年的销售净利率为4.88%，资产周转率为2.88。若两年的资产负债率相同，今年的净资产收益率与去年相比，其变化趋势为上升。（　　）

15. 当企业息税前资金利润率高于借入资金利率时，增加借入资金，可能提高净资产收益率。（　　）

16. 企业经营决策者在组织财务分析时最关注企业的投资报酬率。（　　）

17. 在进行已获利息倍数对指标的同行业比较分析时，从稳健的角度出发，应以本企业该指标最高的年度数据作为分析依据。（　　）

18. 本应借记应付账款，却误借记应收账款，这种错误必然会导致速动比率下降。（　　）

19. 尽管流动比率可以反映企业的短期偿债能力，但有的企业流动比率较高，却没有能力支付到期的应付账款。（　　）

四、名词解释

报表分析　资产负债表　损益表

五、简答题

1. 财务报表分析方法有哪几种？
2. 简述损益表的结构。
3. 如何评价企业的盈利能力？

六、业务题

1. 某公司有关资料如下表所示：

项目	期初数	期末数	本期数或平均数
存货	3 600（万元）	4 800（万元）	
流动负债	3 000（万元）	4 500（万元）	
速动比率	0.75		
流动比率		1.6	
总资产周转率			1.2
总资产			18 000（万元）

注：假定该公司的流动资产等于速动资产加存货。

要求：

（1）计算该公司流动资产的期初数与期末数；

（2）计算该公司本期销售收入；

（3）计算该公司本期流动资产平均余额和流动资产的周转次数。

2. A 公司有关资料如下表所示：

A 公司资产负债表

2011 年 12 月 31 日　　　　单位：万元

资产	年初	年末	负债及所有者权益	年初	年末
流动资产			流动负债合计	175	150
货币资金	50	45	长期负债合计	245	200
应收账款	60	90	负债合计	420	350
存货	92	144			
待摊费用	23	36			
流动资产合计	225	315	所有者权益合计	280	350
固定资产净值	475	385			
总计	700	700	总计	700	700

同时，该公司 2010 年度销售利润率为 16%，总资产周转率为 0.5 次，权益乘数为 2.5，净资产收益率为 20%，2011 年度销售收入为 420 万元，净利润为 63 万元。

要求：

（1）计算2011年年末的流动比率、速动比率、资产负债率和权益乘数；

（2）计算2011年总资产周转率、销售利润率和净资产收益率（均按期末数计算）；

（3）分析销售利润率、总资产周转率和权益乘数变动对净资产收益率的影响（假设按此顺序分析）。

3. 某公司2011年度财务报表的主要资料如下表所示：

单位：万元

资产		负债及所有者权益	
现金（年初76.4）	31	应付账款	51.6
应收账款（年初115.6）	134.4	应付票据	33.6
存货（年初70）	96.6	其他流动负债	46.8
固定资产净额（年初117）	117	长期负债	102.6
资产总额（年初379）	379	实收资本	144.4
		负债及所有者权益	379

2011年利润表的有关资料如下：销售收入643万元，销售成本557万元元，毛利86万元，管理费用58万元，利息费用9.8万元，利润总额18.2万元，所得税7.2万元，净利润11万元。

要求：

（1）计算填列下表中该公司财务比率：

比率名称	本公司	行业平均数
流动比率		1.98
资产负债率		62%
已获利息倍数		3.8
存货周转率		6次
应收账款周转天数		35天
固定资产周转率		13次
总资产周转率		3次
销售利润率		1.3%
总资产报酬率		8.4%
净资产收益率		8.3%

（2）与行业平均财务比率比较，说明该公司经营管理中可能存在的问题。

4. 某公司流动资产由速动资产及存货组成，年初存货为140万元，年初应收账款为125万元，年末流动比率为3，年末速动比率为1.5，存货周转率为4次，年末流动资产余额为270万元。一年按360天计算。

要求：

（1）计算该公司流动负债年末余额；

（2）计算该公司存货年末余额及年平均余额；

（3）计算该公司本年销货成本；

（4）假定本年赊销净额为 960 万元，应收账款以外的其他速动资产忽略不计，计算该公司应收款周转期。

5. 某公司 2011 年 12 月 30 日简化的资产负债表如下表所示：

资产	金额	负债与所有者权益	金额
货币资产	3 000	应付账款	（C）
应收账款净额	5 000	应交税费	3 000
存货	（A）	长期负债	（D）
固定资产净值	25 000	实收资本	（E）
无形资产	（B）	未分配利润	1 250
资产合计	50 000	负债与所有者权益合计	（F）

补充资料如下：①年末流动比率为 2；②产权比率为 0.6；③以销售额和年末存货计算的存货周转率为 15 次；④以销售成本和年末存货计算的存货周转率为 10 次；⑤本年毛利（销售收入减去销售成本）为 40 000 元。

要求：计算上表中的 A、B、C、D、E、F 的金额。

6. 某公司资产负债简表如下表所示：

单位：元

资产	金额	负债及所有者权益	金额
货币资产	25 000	流动负债	
应收账款净额			
存货		长期负债	
固定资产净额	294 000	所有者权益	240 000
资产总计		负债及所有者权益合计	

已知：该公司 2010 年产品销售成本为 315 000 元，存货周转次数为 4.5 次，年末流动比率为 1.5，产权比率为 0.8，期初存货等于期末存货。

要求：根据上述资料计算填列该公司 2011 年 12 月 31 日资产负债简表。

参考答案

一、单项选择题

1. C　2. D　3. D　4. C　5. A　6. B　7. A　8. A　9. C
10. C　11. D　12. B　13. C　14. C　15. A　16. B　17. D　18. A

19. B　20. C　21. D　22. D　23. B　24. D　25. A　26. B　27. D
28. D　29. D

二、多项选择题

1. ABCD　2. AD　3. ABCD　4. ABC　5. ABD
6. ABCD　7. BCD　8. BCD　9. ACD　10. BD
11. CD　12. ABCD　13. ABCD　14. BCD　15. AD
16. AB　17. AD　18. ABC

三、判断题

1. √　2. ×　3. ×　4. ×　5. √　6. ×　7. ×　8. √　9. √
10. ×　11. √　12. √　13. ×　14. √　15. √　16. ×　17. ×　18. ×
19. √

四、名词解释

报表分析：是指以企业财务报表资料为基础，采用一系列的分析方法和指标，对企业的财务状况和经营成果进行分析与评价，来反映企业经营过程中的利弊得失及未来发展前景，为改进企业财务管理工作和优化管理决策提供重要的财务信息。财务报表分析的方法，主要有比较分析法、因素分析法、趋势分析法、比率分析法等。

资产负债表：是企业最重要的报表之一，是反映企业在某一特定日期财务状况的会计报表。资产结构，是指企业的流动资产、长期投资、固定资产、无形资产等占资产总额的比重。资本结构，是指企业的全部资金来源中负债和所有者权益所占的比重及其相互间的比例关系。资产结构、资本结构的分析，无论是对于债权人、投资者还是对企业经营者来说都是十分重要的。

损益表：是反映企业在一定时期内经营成果的会计报表，它概括地反映了企业在一定时期的各种收入、支出的各项费用，以及获取的利润及利润构成情况。损益表分析是由收入项目分析、费用项目分析、利润项目分析和能力分析构成的。通过对损益表的分析，可以了解企业的经营情况和经营成果，了解企业的经济效益及盈利能力，预测企业收益的发展趋势，也有助于评价企业管理当局的管理绩效。

五、简答题

1. 财务报表分析的方法，主要有比较分析法、因素分析法、趋势分析法、比率分析法等。

2. 常见的损益表结构主要有单步式和多步式两种。在我国，企业损益表采用的基本上是多步式结构，即通过对当期的收入、费用、支出项目按性质加以归类，按利润形成的主要环节列示一些中间性利润指标，分步计算当期损益。

3. 评价企业的盈利能力包括：①营业收入获利水平的分析。营业收入可看成企业一定期间内利润的来源，将收入与利润对比，可反映企业盈利水平的高低。反映营业收入盈利水平的指标主要有销售毛利率和销售净利率。②营业支出获利水平的分析。这是从经济资源耗费的角度，评价单位成本费用支出为企业创造的利润是多少。常用的主要有两个指标：销售成本利润率与成本费用利润率。

六、业务题

1. 答案：

（1）流动资产期初数 $=3\ 000\times0.75+3\ 600=5\ 850$（万元）

流动资产期末数 $=4\ 500\times1.6=7\ 200$（万元）

（2）本期销售收入 $=18\ 000\times1.2=21\ 600$（万元）

（3）流动资产平均余额 $=\dfrac{5\ 850+7\ 200}{2}=6\ 525$（万元）

流动资产周转次数 $=\dfrac{21\ 600}{6\ 525}\approx3.31$

2. 答案：

（1）流动比率 $=\dfrac{315}{150}=2.1$

速动比率 $=\dfrac{45+90}{150}=0.9$

资产负债率 $=\dfrac{350}{700}=50\%$

权益乘数 $=\dfrac{1}{1-50\%}=2$

（2）总资产周转率 $=\dfrac{420}{700}=0.6$

销售净利率 $=\dfrac{63}{420}=15\%$

净资产收益率 $=\dfrac{63}{350}=18\%$

（3）$15\%\times0.6\times2=18\%$

$16\%\times0.5\times2.5=20\%$

$18\%-20\%=-2\%$

其中，销售利润率变动对净资产收益率的影响：

$(15\%-16\%)\times0.5\times2.5=-1.25\%$

总资产周转率变动对净资产收益率的影响：

$15\%\times(0.6-0.5)\times2.5=3.75\%$

权益乘数变动对净资产收益率的影响：

$15\% \times 0.6 \times (2-2.5) = -4.5\%$

3. 答案：

(1) $流动比率=\frac{31+134.4+96.6}{51.6+33.6+46.8}=\frac{262}{132}\approx 1.98$

$资产负债率=\frac{132+102.6}{379}\approx 61.9\%$

$已获利息倍数=\frac{18.2+9.8}{9.8}\approx 2.86$

$存货周转率=\frac{557}{\frac{70+96.6}{2}}\approx 6.69$

$应收账款周转率=\frac{643}{\frac{115.6+134.4}{2}}=5.14$（次）

$应收账款周转天数=\frac{360}{5.14}=70$（天）

$固定资产周转率=\frac{643}{117}\approx 5.5$（次）

$总资产周转率=\frac{643}{379}\approx 1.7$（次）

$销售利润率=\frac{11}{643}\approx 1.71\%$

$总资产报酬率=\frac{18.2+9.8}{379}\approx 7.39\%$

$净资产收益率=\frac{11}{144.4}\approx 7.62\%$

(2) 与行业平均财务比率相比，该公司的下列财务指标均有下降：

已获利息倍数为 2.86（行业数为 3.8）

应收账款周转天数为 70 天（行业数为 35 天）

总资产周转率为 1.7 次（行业数为 3 次）

固定资产周转率为 5.5 次（行业数为 13 次）

总资产报酬率为 7.39%（行业数 8.4%）

净资产收益率为 7.62%（行业数 8.3%）

说明该公司的经营管理可能存在以下问题：一是应收账款管理不善，二是固定资产投资规模偏大，三是销售额较低。

具体原因可能是：①应收账款周转天数长，说明应收账款回收速度太慢，应收账款信用政策不合理。②总资产周转率低，主要是因为固定资产周转率低造成的，可能是销售额低或固定资产投资规模偏大。③已获利息倍数下降，而资产负债率基本没变，说明不是负债过大，而是盈利能力低。结合销售利润率1.71%高于行业数1.3%来看，盈利低不是因为销售利润低，而是因为销售额低。

4. 答案：

（1）$流动负债=\frac{流动资产}{流动比率}=\frac{270}{3}=90$（万元）

（2）存货年末余额 $=270-90\times1.5=135$（万元）

（3）本年销货成本 $=140\times4=560$（万元）

（4）应收账款年末余额 $=270-135=135$（万元）

$应收账款平均余额=\frac{135+125}{2}=130$（万元）

$应收账款周转期=\frac{360\times应收账款平均余额}{赊销净额}=\frac{360\times130}{960}=48.75$（天）

5. 答案：

①$\frac{销售收入}{存货}=15$

$\frac{销售成本}{存货}=10$

$\frac{销售收入-销售成本}{存货}=5$

销售收入 - 销售成本 = 毛利 = 40 000（元）

所以：存货（A） $=\frac{40\ 000}{5}=8\ 000$（元）

②无形资产（B） $=50\ 000-3\ 000-5\ 000-8\ 000-25\ 000=9\ 000$（元）

③$流动负债=\frac{3\ 000+5\ 000+8\ 000}{2}=8\ 000$（元）

应付账款（C） $=8\ 000-3\ 000=5\ 000$（元）

④$\frac{负债}{所有者权益}=0.6$

负债 = 所有者权益 ×0.6

资产 = 负债 + 所有者权益 = 1.6 × 所有者权益

$所有者权益=\frac{50\ 000}{1.6}=31\ 250$（元）

实收资本（E） $=31\ 250-1\ 250=30\ 000$（元）

⑤负债 $=31\ 250\times0.6=18\ 750$

长期负债（D） $=18\ 750-5\ 000-3\ 000=10\ 750$（元）

⑥负债及所有者权益（F） = 资产 = 50 000（元）

6. 答案：

资产	金额	负债及所有者权益	金额
货币资产	25 000	流动负债	92 000
应收账款净额	43 000		
存货	70 000	长期负债	100 000
固定资产净额	294 000	所有者权益	240 000
资产总计	432 000	负债及所有者权益合计	432 000

分析：

$$\begin{aligned}\text{资产总计} &= \text{负债及所有者权益总计}\\ &= \text{所有者权益} + \text{所有者权益} \times \text{产权比率}\\ &= 240\ 000 \times (1 + 0.8)\\ &= 432\ 000\text{（元）}\end{aligned}$$

$$\text{期末存货} = \text{期初存货} = \frac{\text{产品销售成本}}{\text{存货周转次数}} = \frac{315\ 000}{4.5} = 70\ 000\text{（元）}$$

$$\begin{aligned}\text{应收账款净额} &= \text{资产总额} - \text{固定资产净值} - \text{存货} - \text{货币资金}\\ &= 432\ 000 - 294\ 000 - 70\ 000 - 25\ 000\\ &= 43\ 000\text{（元）}\end{aligned}$$

$$\begin{aligned}\text{流动负债} &= \frac{\text{流动资产}}{\text{流动比率}} = \frac{\text{资产总计} - \text{固定资产净值}}{\text{流动比率}}\\ &= \frac{432\ 000 - 294\ 000}{1.5}\\ &= 92\ 000\text{（元）}\end{aligned}$$

$$\begin{aligned}\text{长期负债} &= \text{负债及所有者权益总计} - \text{所有者权益} - \text{流动负债}\\ &= 432\ 000 - 240\ 000 - 92\ 000\\ &= 100\ 000\text{（元）}\end{aligned}$$

第四章 企业筹资方式

学习重点及难点

一、筹资渠道

筹资渠道，是指筹措资金来源的方向与通道，体现了资金的来源与流量。目前我国企业筹资渠道主要包括：银行信贷资金、其他金融机构资金、其他企业资金、居民个人资金、国家资金和企业自留资金。

二、筹资方式

筹资方式，是指企业筹集资金所采用的具体形式。目前我国企业的筹资方式主要有吸收直接投资、发行股票、利用留存收益、向银行借款、利用商业信用、发行公司债券和融资租赁。

三、债券的发行

我国发行公司债券，必须符合《公司法》、《证券法》规定的有关条件。债券发行的基本程序如下：①作出发行债券的决议；②提出发行债券的申请；③说明公司债券募集办法；④委托证券机构发售；⑤交付债券，收缴债券款，登记债券存根簿。

四、可转换债券的性质

可转换债券的持有人在一定时期内，可以按规定的价格或一定比例，自由地选择转换为普通股。发行可转换债券筹得的资金具有债权性资金和权益性资金的双重性质。

五、营运资金政策

(1) 平稳型策略，是指对临时性流动资产，用短期资金解决；而对永久性资产，包括永久性流动资产和固定资产，则用长期资金解决，以使资金的使用期限和资金来源的到期期限能相互配合。这里所说的临时性流动资产是指受季节性或周期性影响的流动资产；这里所说的永久性流动资产是指为了满足企业长期稳定的资金需要，在企业处于经营低谷时也必须保留的流动资产。

（2）积极型策略，是指以长期资金来满足部分永久性资产的需要，而余下的永久性资产和临时性资产则用短期资金来满足。

（3）保守型策略，是指企业不仅用长期资金来融通永久性资产（永久性流动资产和固定资产），而且还以长期资金满足由于季节性或周期性波动而产生的部分或全部临时性资产的资金需求。

练习题

一、单项选择题

1．某公司拟发行5年期债券进行筹资，债券票面金额为100元，票面利率为12%，而当时市场利率为10%，那么，该公司债券发行价格应该为（　　）元。

A．93.22　　B．100

C．105.35　　D．107.58

2．在下列各项中，不属于商业信用融资内容的是（　　）。

A．赊购商品　　B．预收货款

C．办理应收票据贴现　　D．用商业汇票购货

3．在债券的收回和偿还上，我国较多采用（　　）。

A．债券调换　　B．偿债基金

C．分批偿还　　D．到期一次性偿还

4．下列中不属于可转换债券筹资优点的是（　　）。

A．可转换为普通股，有利于稳定股票市价

B．利率低于普通债券，可节约利息支出

C．可增强筹资灵活性

D．回售风险较低

5．某公司发行认股权证筹资，规定每张认股权证可按45元认购10股普通股票。若公司当前的普通股市价为6元，则公司发行的每张认股权证的价值为（　　）元。

A．4.5　　B．6

C．15　　D．25

6．某公司发行可转换债券，每张面值为1 000元，转换比率为20，则该可转换债券的转换价格为（　　）元。

A．20　　B．50

C. 30　　　　　　　　　　D. 25

7. 在其他条件相同的情况下，先付等额租金与后付等额租金间的关系是（　　）。

A. 先付等额租金 = 后付等额租金 ×（1 + 租赁折现率）

B. 后付等额租金 = 先付等额租金 ×（1 + 租赁折现率）

C. 先付等额租金 = 后付等额租金 ×（1 - 租赁折现率）

D. 后付等额租金 = 先付等额租金 ×（1 - 租赁折现率）

8. 相对于负债融资方式而言，采用吸收直接投资方式筹措资金的优点是（　　）。

A. 有利于降低资本成本　　　　B. 有利于集中企业控制权

C. 有利于降低财务风险　　　　D. 有利于发挥财务杠杆作用

9. 某企业按年利率 4.5% 向银行借款 200 万元，银行要求保留 10% 的补偿性余额，则该项借款的实际利率为（　　）。

A. 4.95%　　　　B. 5%

C. 5.5%　　　　D. 9.5%

10. 某公司拟发行面值为 1 000 元，不计复利，5 年后一次还本付息，票面利率为 10% 的债券。已知发行时资金市场的年利率为 12%，(P/F,10%,5) = 0.620 9，(P/F,12%,5) = 0.567 4，则该公司债券的发行价格为（　　）。

A. 851.10　　　　B. 907.84

C. 931.35　　　　D. 993.44

11. 相对于发行股票而言，发行公司债券筹资的优点为（　　）。

A. 筹资风险小　　　　B. 限制条款少

C. 筹资额度大　　　　D. 资本成本低

12. 相对于发行债券和利用银行借款购买设备而言，通过融资租赁方式取得设备的主要缺点是（　　）。

A. 限制条款多　　　　B. 筹资速度慢

C. 资本成本高　　　　D. 财务风险大

13. 企业在选择筹资渠道时，下列各项中需要优先考虑的因素是（　　）。

A. 资本成本　　　　B. 企业类型

C. 融资期限　　　　D. 偿还方式

14. 在下列各项中，能够引起企业自有资金增加的筹资方式是（　　）。

A. 吸收直接投资　　　　B. 发行公司债券

C. 利用商业信用　　　　D. 留存收益转增资本

二、多项选择题

1. 普通股与优先股的共同特征主要有（　　）。

A. 同属公司股本　　B. 需支付固定股息

C. 股息从税后利润中支付　　D. 可参与公司重大决策

2. 影响债券发行价格的因素包括（　　）。

A. 债券面额　　B. 票面利率

C. 市场利率　　D. 债券期限

3. 下列各项中，属于“吸收直接投资”与“发行普通股”筹资方式所共有缺点的有（　　）。

A. 限制条款多　　B. 财务风险大

C. 控制权分散　　D. 资本成本高

4. 股票上市可能给企业带来的不利影响有（　　）。

A. 费用高昂

B. 使公司失去隐私权

C. 可能使企业财务状况恶化

D. 限制经理人员经营操作的自由度

5. 补偿性余额的约束使借款企业所受的影响有（　　）。

A. 减少了可用资金　　B. 提高了筹资成本

C. 增加了应付利息　　D. 扩大了财务风险

6. 下列各项资金中，不能利用商业信用方式筹措的有（　　）。

A. 国家财政资金　　B. 银行信贷资金

C. 其他企业资金　　D. 企业自留资金

7. 认股权证的特点有（　　）。

A. 认股权证作为一种特殊的筹资手段，对于公司发行新债券或优先股股票具有促销作用

B. 持有人在认股之前，既不拥有债权也不拥有股权，只拥有股票认购权

C. 用认股权证购买普通股票，其价格一般低于市价

D. 资本成本较低

8. 认股权证的基本要素包括（　　）。

A. 认购数量　　B. 认购价格

C. 认购期限　　D. 赎回条款

9. 影响认股权证理论价值的主要因素有（　　）。

A. 换股比率　　B. 普通股市价

C. 执行价格　　D. 剩余有效期间

10. 认股权证的作用有（　　）。

A. 为公司筹集额外现金　　B. 促进其他筹资方式的运用

C. 降低公司资本成本　　D. 是一种有效的激励方式

11. 可转换债券的基本要素包括（　　）。

A. 基准股票　　B. 票面利率

C. 转换价格　　D. 赎回条款

12. 下列各项目中，能够被视为内源融资的筹资有（　　）。

A. 留存收益　　B. 折旧

C. 融资租赁　　D. 发行股票

13. 债券在到期日之后偿还叫滞后偿还。下列偿还方式中属于滞后偿还的是（　　）。

A. 将较早到期的债券换成到期日较晚的债券

B. 直接以新债券兑换旧债券

C. 用发行新债券得到的资金来赎回旧债券

D. 可以按一定的条件转换为本公司的股票

14. 下列中属于可转换债券区别于普通债券而言的特点的是（　　）。

A. 存在回购风险

B. 利率低于普通债券，可节约利息支出

C. 可增强筹资灵活性，不被其他债权人反对

D. 若股价低迷，面临兑付债券本金的压力

15. 相对于权益资金的筹资方式而言，长期借款筹资的缺点主要有（　　）。

A. 财务风险较大　　B. 筹资成本较高

C. 筹资数额有限　　D. 筹资速度较慢

16. 相对于普通股股东而言，优先股股东可以优先行使的权利有（　　）。

A. 优先认股权　　B. 优先表决权

C. 优先分配股利权　　D. 优先分配剩余财产权

三、判断题

1. 由于普通股的预期收益较高并可在一定程度上抵消通货膨胀的影响，因此，采取普通股筹资的方式容易吸收资金。（　　）

2. 普通股筹资实际上不存在不能偿付的风险，所以与其他筹资方式相比，风险最小。（　　）

3. 如果企业的银行借款采用贴现法支付利息，则借款的实际利率等于名义利率。（　　）

4. 可转换债券赋予持有者一种特殊的选择权，即按事先约定在一定时间内将其转换为股票的选择权，在转换权行使之前属于公司的债务资本，在权

利行使之后则成为发行公司的所有权资本。（　）

5. 债券的付息主要表现在利息率的确定、付息的频率和付息方式三个方面。（　）

6. 可转换债券的赎回条款具有强制转换作用，有利于促使投资者将债券转换为普通股股票。（　）

7. 优先认股权是指公司增发普通股票时，原有股东有权优先认购。（　）

8. 发行优先股的上市公司如不能按规定支付优先股股利，优先股股东有权要求公司破产。（　）

9. 一般情况下，股票市场价格会随着市场利率的上升而下降，随着市场利率的下降而上升。（　）

10. 无面值股票的最大缺点是该股票既不能直接代表股份，也不能直接体现其实际价值。（　）

11. 拥有“不参加优先股”股权的股东只能获得固定股利，不能参与剩余利润的分配。（　）

四、名词解释

债务筹资　企业债券　长期借款　租赁　可转换债券　筹资渠道
筹资方式　普通股

五、简答题

1. 如何进行租赁或购买的筹资决策？
2. 可转换证券具有哪些要素？如何确定转换时机？
3. 股票筹资的利弊分析。

六、业务题

1. 成大有限公司向某商业银行贷款 1 000 万元，该笔贷款利率为 10%，期限为 5 年。

要求计算：

（1）到期时企业偿付的总金额为多少？

（2）定期付息，到期一次还本偿付的总金额为多少？

（3）定期等额偿还，各年的还本付息额分别是多少？

2. 某公司拟采购一批零件，供应商报价如下：

（1）立即付款，价格为 9 630 元。

（2）30 天内付款，价格为 9 750 元。

（3）31 天至 60 天内付款，价格为 9 870 元。

（4）61 天至 90 天内付款，价格为 10 000 元。

假设银行短期贷款利率为 15%，每年按 360 天计算。

要求计算：放弃现金折扣的成本（比率），并确定对该公司最有利的付款日期和价格。

参考答案

一、单项选择题

1. D　2. C　3. D　4. D　5. C　6. B　7. B　8. C　9. B
10. A　11. D　12. C　13. A　14. A

二、多项选择题

1. AC　2. ABCD　3. CD　4. ABC　5. ABD
6. ABD　7. ABC　8. ABCD　9. ABCD　10. ABD
11. ABCD　12. AB　13. ABCD　14. ABC　15. AC
16. CD

三、判断题

1. √　2. √　3. ×　4. √　5. √　6. √　7. √　8. ×　9. √
10. ×　11. √

四、名词解释

债务筹资：是企业筹集资金的另一种主要形式。根据偿还时间的不同，债务筹资分为短期债务（1 年以内，最多 2 年）、中期债务（2 ~5 年）和长期债务（5 ~7 年或更长）。长期债务筹资包括：企业债券、中长期借款、租赁。

企业债券：是股份制公司或企业发行的有价证券，是企业为筹措长期资金而发行的一种债务凭证，承诺在未来的特定日期，偿还本金和按照事先规定的利率支付利息。

长期借款：是指向专业金融机构借入的、期限较长的贷款。

租赁：是指出租人以收取租金为条件，在契约或合同规定的期限内，将资产租让给承租人使用的一种经济行为。具体分为经营性租赁与融资性租赁。

可转换债券：是一种可以在特定时间、按特定条件转换为普通股票的特殊企业债券。

筹资渠道：指企业筹集资金的来源和途径。目前我国企业筹资渠道主要有：国家资本金、金融机构信贷资金、其他企业资金、民间资金、企业自留资金、外商资金。

筹资方式：是指可供企业在筹措资金时选用的具体筹资形式。我国企业目前筹资方式主要有三种：股权筹资、债权筹资、混合式筹资。

普通股：是股份有限制企业依法发行的具有管理权、股利不固定的股票。

五、简答题

1．进行租赁或购买的筹资决策

（1）决策方法。根据租赁与购买方案的现金流量，计算现金流量的现值，据此进行比较分析。

（2）基本步骤：①确定租金支出及其税后现金流量的现值。②确定举债购买的税后现金流量现值。③比较确定租赁与举债购买的优劣，并做出决策。

2．可转换债券的构成要素：①标的股票，即按照条款，可转换债券将会转为哪种股票，一般是发行企业的，也可以是其他企业的。②转换价格与转换比率。③转换期，是指可转换债券转换为股票的起始日至结束日的期间。④赎回条款，是指对可转换债券发行企业赎回债券的相关要求，即发行企业需要在什么条件下才能赎回债券。

可转换性是可转换债券的重要标志，债券持有人可以按约定的条件将债券转换成股票。因此，确定可转换的时机是可转换债券管理的另一重要内容。可转换的时机是：在实际价格高出可转换价格时实施转换行为。原因是，如果在实际价格低于可转换价格时实施转换行为，企业用高价股票换回低价的债券，将给企业造成损失。

3．股票筹资的利弊分析

（1）普通股筹资的优点：①采用普通股筹资没有固定的股利负担。企业没有盈利，就不必支付股利；企业有盈利，根据适合的股利政策，多支付、少支付或不支付股利。②普通股股本没有固定的到期日，投资者永远不会像债权人那样要求偿还。③能增加企业的信誉。普通股股本以及由此产生的股本公积金和盈余公积金等，是企业筹措债务的基础。有了较多的自有资金，就可为债权人提供较大的保障。因此，普通股筹资，一方面可以提高公司的信用价值，另一方面也为使用更多的债务资金提供了强有力的支持。④筹资限制较少。利用优先股或债券筹资，通常有许多限制，这些限制往往会影响企业经营的灵活性，而利用普通股筹资则没有这些限制。⑤能调动职工的积极性。通过安排职工购买企业股份，使其成为企业的股东，从而把自身利益与企业前途紧密结合起来。这样有助于提高企业职工的工作效率，调动其积极性。

（2）普通股筹资的缺点：①筹资成本较高。一般来说，普通股筹资的成本要大于债务筹资。这主要是由于投资普通股风险较高，投资者相应要求较高的报酬，并且股利应从所得税后的净利润中支付，而债务筹资其债权人面临的风险较低，支付利息允许在所得税前扣除；普通股的发行成本也较高，一般情况下，发行费用最高的是普通股，其次是优先股，再次是企业债券，最后是长期借款。②分散控制权。利用普通股筹资，会增加企业的股东数量，所以可能将企业的部分控制权转移给新股东，分散企业的控制权。③股票价格下跌。新股东对企业已积累的盈余具有分享权，这就会降低普通股的每股净收益，从而可能引起普通股市价的下跌。

六、业务题

1. 答案：

（1）到期时企业偿付的总金额为：

$1\ 000\times(1+10\%)^5=1\ 610.5$（万元）

（2）定期付息，到期一次还本：

这种筹资方式要求企业每年支付利息，到期时只偿付本金，与到期一次还本付息相比，到期的偿债压力有所减轻，则企业整个债务期间每年支付利息100万元，到期偿还本金1 000万元。偿付的总金额为：

$1\ 000\times(1+10\%\times5)=1\ 500$（万元）

（3）定期等额偿还：

定期等额偿还，是指在贷款期间内连本带息都按相等金额分期偿还。以这种方式偿债，将债务本息均匀地分摊到各期，使到期支付压力减小。如果企业与银行协商确定按年度定期等额偿还贷款本息，那么，每年偿还贷款本息金额为：

每年偿还额 $=1\ 000\div(P/A,\ 10\%,\ 5)=263.8$（万元）

据此，企业编制贷款偿还计划表如下：

单位：万元

年份 (t)	年偿还额 (A_t)	利息支付额 ($B_t=D_ti$)	本金偿还额 ($C_t=A_t-B_t$)	本金剩余 ($D_t=D_{t-1}-C_t$)
0				1 000.00
1	263.8	100.00	163.80	836.20
2	263.8	83.62	180.18	656.02
3	263.8	65.60	198.20	457.82
4	263.8	45.78	218.02	239.80
5	263.8	23.98	239.80	0.00
合计	1 319.0	318.98	1 000.00	—

2. 答案：

（1）立即付款：

$$折扣率=\frac{10\ 000-9\ 630}{10\ 000}=3.70\%$$

$$放弃现金折扣成本=\frac{3.70\%}{1-3.70\%}\times\frac{360}{90-0}=15.37\%$$

（2）30 天付款：

$$折扣率=\frac{10\ 000-9\ 750}{10\ 000}=2.5\%$$

$$放弃现金折扣成本=\frac{2.5\%}{1-2.5\%}\times\frac{360}{90-30}=15.38\%$$

（3）60 天付款：

$$折扣率=\frac{10\ 000-9\ 870}{10\ 000}=1.3\%$$

$$放弃现金折扣成本=\frac{1.3\%}{1-1.3\%}\times\frac{360}{90-60}=15.81\%$$

（4）最有利的是 60 天付款 9 870 元。

第五章 财务预测与预算

学习重点及难点

一、财务预测

财务预测是编制融资计划的前提，企业要对外提供产品和服务，必须要有一定的资产。销售增加时，要相应增加流动资产，甚至还需增加固定资产。为取得因扩大销售所需要增加的资产，企业要筹措资金。这些资金，一部分来自留存收益，另一部分通过外部融资取得。通常，销售增长速度较快时留存收益不能满足资金需要，即使获利良好的企业也需从外部融资。

二、销售百分比法

财务预测销售百分比法首先假设收入、费用、资产、负债与销售收入存在稳定的百分比关系，根据预计销售额和相应的百分比预计资产、负债和所有者权益，然后利用会计等式确定融资需求。

三、增长率与资金需求

由于企业要以发展求生存，销售增长是任何企业都无法回避的问题。企业增长的财务意义是资金增长。在销售增长时企业往往需要补充资金，这主要是因为销售增加通常会引起存货和应收账款等资产的增加。销售增长得越多，需要的资金越多。

四、可持续增长率的内涵

可持续增长率是指不增发新股并保持目前经营效率（销售净利率、总资产周转率）和财务政策（权益乘数、留存收益率）条件下公司销售所能增长的最大比率。

五、财务预算的内涵

财务预算是指反映企业未来一定预算期内预计现金收支、经营成果和财务状况的各种预算，具体包括现金预算、预计损益表、预计资产负债表和预计现金流量表。各种日常业务预算和专门决策预算，最终都可以综合地反映在财务预算中，这样，财务预算就成为各项经营活动和专门决策的整体计划，故又称为“总预算”。财务预算是企业全面预算的一部分，它和其他预算是联系在一起的，整个全面预算是一个数字相互衔接的整体。

六、现金预算

现金预算由四部分组成：现金收入、现金支出、现金多余或不足、资金的筹集和运用。“现金收入”部分包括期初现金余额和预算期现金收入，销货取得的现金收入是其主要来源。期初的“现金余额”是在编制预算时预计的（亦可用上年期末余额表示），“销货现金收入”的数据来自销售预算，“可供使用现金”是期初余额与本期现金收入之和。“现金支出”部分包括预算期的各项现金支出。“直接材料”、“直接人工”、“制造费用”、“销售及管理费用”的数据分别来自前述有关预算。此外，还包括所得税、购置设备、股利分配等现金支出，有关的数据分别来自另行编制的专门预算。

练习题

一、单项选择题

1．企业本年的销售收入为 4 000 万元，下年预计将增长 25%，已知每 1 元销售收入占用资金 0.6 元且形成负债 0.2 元，企业的销售净利率为 5%，股利支付率为 30%，则企业下年度对外筹资（　　）。

A．225 万元　　B．1 425 万元

C．325 万元　　D．175 万元

2．企业全面预算的出发点及各种预算的基础是（　　）。

A．现金预算　　B．销售预算

C．预计资产负债表　　D．利润规划

3．某企业的资产销售百分比和负债销售百分比分别为 0.66 和 0.06，销售净利率为 5%，股利支付率 40%，则该企业仅靠内部融资的增长率为（　　）。

A．5.26%　　B．6.34%

C．4.78%　　D．9.09%

4．下列公式中不能用于计算融资需求的是（　　）。

A．预计总资产 - 预计总负债 - 预计股东权益

B．资产增加 - 负债自然增加 - 留存收益增加

C. （资产销售百分比－负债销售百分比）×新增销售额－［计划销售净利率×销售额×（1－股利支付率）］

D. 资产增加－负债增加－留存收益增加

5. 如果外部融资销售增长比小于零，则意味着（　　）。

A. 企业需从外部融资

B. 企业有剩余资金，可用于增加股利或短期投资

C. 企业剩余资金为零

D. 企业既不需要内部融资也不需要外部融资

6. 与生产预算没有直接联系的预算是（　　）。

A. 直接材料预算　　B. 变动制造费用预算

C. 销售及管理费用预算　　D. 直接人工预算

7. 作为整个企业预算编制起点的是（　　）。

A. 销售预算　　B. 生产预算

C. 现金收入预算　　D. 产品成本预算

8. 下列预算中，在编制时不需要以生产预算为基础的是（　　）。

A. 变动制造费用预算　　B. 销售费用预算

C. 产品成本预算　　D. 直接人工预算

9. 某上市公司2010年度财务报表主要数据为：收入10 000万元，税后利润1 000万元，支付股利400万元，留存收益600万元，负债10 000万元，股东权益10 000万元，负债及股东权益20 000万元。该公司2011年计划维持2010年的经营效率和财务政策。产品不受市场限制，不变的销售净利率可以涵盖负债的利息，则2011年度预期销售增长率应为（　　）。

A. 0　　B. 5.2%

C. 6.38%　　D. 6.5%

二、多项选择题

1. 某企业本年的销售收入为3 000万元，预计明年将增长5%，已知资产销售百分比和负债销售百分比分别为0.88和0.07，销售净利率为6%，股利支付率为30%，则下述关于该企业的说法正确的有（　　）。

A. 该企业的外部融资销售增长比为－7.2%

B. 该企业的外部融资增长比为＋6.88%

C. 该企业需对外融资10.32万元

D. 该企业将有剩余资金10.8万元可用于增加股利或进行短期投资

2. 总预算分析反映的是企业的总体情况，它一般是指（　　）。

A. 现金预算　　B. 预计资产负债表

C. 预计损益表　　D. 预计财务状况变动表

3. 可持续增长率 =（　　）。

A. 净资产增长率

B. 所有者权益收益率 × 收益留存率

C. 资产周转率 × 销售利润率 × 负债比率 × 收益留存率

D. 资产周转率 × 销售利润率 × 财务杠杆 × 收益留存率

4. 下列计算可持续增长率的公式中，正确的有（　　）。

A. $\dfrac{\text{收益留存率} \times \text{销售净利率} \times \left(1 + \dfrac{\text{负债}}{\text{期初股东权益}}\right)}{\dfrac{\text{总资产}}{\text{销售额}} - \text{收益留存率} \times \text{销售净利率} \times \left(1 + \dfrac{\text{负债}}{\text{期初股东权益}}\right)}$

B. $\dfrac{\text{收益留存率} \times \text{销售净利率} \times \left(1 + \dfrac{\text{负债}}{\text{期末股东权益}}\right)}{\dfrac{\text{总资产}}{\text{销售额}} - \text{收益留存率} \times \text{销售净利率} \times \left(1 + \dfrac{\text{负债}}{\text{期末股东权益}}\right)}$

C. $\dfrac{\text{本期净利润}}{\text{期末总资产}} \times \dfrac{\text{期末总资产}}{\text{期初股东权益}} \times \text{本期收益留存率}$

D. 销售净利率 × 总资产周转率 × 收益留存率 × 期末权益期初总资产乘数

5. 除了销售百分比法以外，财务预测的方法还有（　　）。

A. 回归分析技术　　B. 交互式财务规划模型

C. 综合数据财务计划系统　　D. 可持续增长率模型

6. 内含增长率与可持续增长率相比，下列论述中正确的有（　　）。

A. 二者均假设不增发新股

B. 后者在数量上等于（净）资产增长率

C. 前者是计量不增加借款情况下的销售增长幅度

D. 后者是计量维持当前财务杠杆和财务风险水平条件下的销售增长幅度

三、判断题

1. 预计的财务报表也称为“总预算”。（　　）

2. 全面预算按其涉及的内容分为总预算和专门预算。（　　）

3. 财务预算是用于计划企业基本经济业务的预算，而业务预算则是关于企业资金筹措和使用的预算。（　　）

4. 企业的股利支付率越高，对外部融资需求越小；销售净利率越大，对外部融资需求越大。（　　）

5. 在目前的财务比率条件下，无需发行新股所能达到的销售增长，称为“可持续增长率”。（　　）

6. 生产预算的主要内容是销量、单价和销售收入；销售预算的主要内容是销售量、生产量、期初和期末结存量。（　　）

7. “现金预算”中的“所得税”现金支出项目，要与预计损益表中的“所得税”项目的金额一致。它是根据预算的“利润总额”和预计所得税率计算出来的，一般不必考虑纳税调整事项。（　　）

8. 由于通货紧缩，某公司不打算从外部融资，而主要靠调整股利分配政策、扩大留存收益来满足销售增长的资金需求。历史资料表明，该公司资产、负债与销售总额之间存在着稳定的百分比关系。现已知资产销售百分比为60%，负债销售百分比为15%，计划下年销售净利率5%，不进行股利分配。据此，可以预计下年销售增长率为12.5%。（　　）

四、名词解释

定性预测法　不变资金　变动资金　内含增长率　可持续增长率　预算

五、简答题

1. 可持续增长率的假设条件有哪些？
2. 简述可持续增长率与实际增长率的相互关系。
3. 简述全面预算的作用。
4. 简述全面预算的编制程序。

六、业务题

1. 四方公司当前的销售收入为4 000万元，下表是其销售百分比情况：

资产	占销售收入（%）	负债	占销售收入（%）
现金	5	应付费用	5
应收账款	15	应付账款	10
存货	30		
其他项目	不变动	其他项目	不变动

预计明年销售将增长8%，已知其销售净利率为5%，股利支付比率为60%。

要求：

（1）若明年售价保持不变，试计算四方公司明年需对外融资的数量；

（2）若明年通货膨胀率为10%，且将引起售价同幅增长，试计算四方公司对外融资的数量。

2．某公司第三季度现金预算工作底稿如下表：

单位：万元

月份	五	六	七	八	九	十
工作底稿：						
销售收入	5 000	6 000	7 000	8 000	9 000	10 000
收账：						
销售当月（销售收入的20%）						
销售次月（销售收入的70%）						
销售再次月（销售收入的10%）						
收账合计						
采购金额（下月销售的70%）						
购货付款（延后1个月）						
现金预算						
（1）期初余额			8 000			
（2）收账						
（3）购货						
（4）工资			750	100	1 250	
（5）其他付现费用			100	200	700	
（6）预交所得税					2 000	
（7）购置固定资产			8 000			
（8）现金多余或不足						
（9）向银行借款（1 000元的倍数）						
（10）偿还银行借款（1 000元的倍数）						
（11）支付借款利息(还款支付,年利率12%)						
（12）期末现金余额（最低6 000元）						

要求：根据工作底稿，完成七、八、九月的现金预算（把计算结果填入表中）。

3．ABC公司2011年有关的财务数据如下表：

单位：万元

项目	金额	占销售额的百分比
流动资产	1 400	35%
长期资产	2 600	65%
资产合计	4 000	
短期借款	600	无稳定关系
应付账款	400	10%
长期负债	1 000	无稳定关系
实收资本	1 200	无稳定关系
留存收益	800	无稳定关系
负债及所有者权益合计	4 000	
销售额	4 000	100%
净利	200	5%
现金股利	60	

要求：假设该公司实收资本一直保持不变，计算回答以下互不关联的几个问题：

(1) 假设2012年计划销售收入为5 000万元，需要补充多少外部融资（保持目前的股利支付率、销售净利率和资产周转率不变）？

(2) 假设2012年不能增加借款，也不能发行新股，预计其可实现的销售增长率（保持其他财务比率不变）。

(3) 保持目前的全部财务比率，2012年可实现的销售额是多少？

(4) 若股利支付率为零，销售净利率提高到6%，目标销售额为4 500万元，需要筹集补充多少外部融资（保持其他财务比率不变）？

4. ABC公司是一零售业上市公司，请你协助完成其2012年的盈利预算工作。上年度的财务报表如下：

损益表

2011年　　　　单位：万元

销售收入	1 260
销售成本（80%）	1 008
毛利	252
经营和管理费用：	
变现费用（付现）	63
固定费用（付现）	63
折旧	26
营业利润	100
利息支出	10
利润总额	90
所得税	27
税后利润	63

资产负债表

2011年12月31日　　　　单位：万元

货币资金	14	短期借款	200
应收账款	144	应付账款	246
存货	280	股本（发行普通股500万股，每股面值1元）	500
固定资产原值	760		172
减：折旧	80		
固定资产净值	680		
资产总额	1 118		1 118

其他财务信息如下：

（1）下一年度的销售收入预计为 1 512 万元。

（2）预计毛利率上升 5 个百分点。

（3）预计经营和管理费的变动部分与销售收入的百分比不变。

（4）预计经营和管理费的固定部分增加 20 万元。

（5）购置固定资产支出 220 万元，并因此使公司折旧额达到 30 万元。

（6）应收账款周转率（按年末余额计算）预计不变，上年应收账款均可在下年收回。

（7）年末应付账款余额与当年进货金额的比率不变。

（8）期末存货金额不变。

（9）现金短缺时，用短期借款补充，借款的平均利息率不变，借款必须是 5 万元的倍数；假设新增借款需年初借入，所有借款全年计息，年末不归还，年末现金余额不少于 10 万元。

（10）预计所得税为 30 万元。

（11）假设年度内现金流动是均衡的，无季节性变化。

要求：

（1）确定下年度现金流入、现金流出和新增借款数额及利息。

（2）预测下年度税后利润。

（3）预测下年度每股盈余。

5. A 公司 2011 年度的主要财务数据如下：

单位：万元

销售收入	10 000
营业利润	750
利息支出	125
税前利润	625
所得税（税率 20%）	125
税后利润	500
分出股利（股利支付率 50%）	250
留存收益	250
期末股东权益（1 000 万股）	1 250
期末负债	1 250
期末总资产	2 500

要求：

（1）假设 A 公司在今后可以维持 2011 年的经营效率和财务政策，不断增加的产品能为市场所接受，不变的销售净利率可以涵盖不断增长的利息，请依次回答下列问题：

①2012 年的预期销售增长率是多少？

②今后的预期股利增长率是多少？

③假设 A 公司 2011 年年末的股价是 30 元，股东预期的报酬率是多少？

④假设 A 公司可以按 2011 年的平均利率水平在需要时取得借款，其加权平均资本成本是多少（资本结构权数以账面价值为基础）？

（2）假设 A 公司 2012 年的计划销售增长率为 35%，请回答下列问题：

①如果不打算从外部筹集权益资金，并保持 2011 年的财务政策和资产周转率，销售净利率应达到多少？

②如果想保持 2011 年的经营效率和财务政策不变，需要从外部筹集多少股权资金？

6. A 公司 2012 年 11 月份现金收支的预计资料如下：

（1）11 月 1 日的现金（包括银行存款）余额为 13 700 元，已收到未入账支票 40 400 元。

（2）产品售价 8 元/件。9 月销售 2 000 件，10 月销售 30 000 件，11 月预计销售 40 000 件，12 月预计销售 25 000 件。根据经验，商品售出后当月可收回货款的 60%，次月收回 30%，再次月收回 8%，另外 2% 为坏账。

（3）进货成本为 5 元/件，平均在 15 天后付款。编制预算时月底存货为次月销售的 10% 加 1 000 件。10 月底的实际存货为 4 000 件，应付账款余额为 77 500 元。

（4）11 月的费用预算为 85 000 元，其中折旧为 12 000 元，其余费用须当月用现金支付。

（5）预计 11 月份将购置设备一台，支出 150 000 元，须当月付款。

（6）11 月份预交所得税 20 000 元。

（7）现金不足时可从银行借入，借款额为 10 000 元的倍数，利息在还款时支付。期末现金余额不少于 5 000 元。

要求：

编制 11 月份的现金预算（请将结果填列在现金预算表格中，分别列示各项收支金额）。

参考答案

一、单项选择题

1. A　2. B　3. A　4. B　5. B　6. C　7. A　8. B　9. C

二、多项选择题

1. AD　2. ABCD　3. AB　4. BCD　5. ABC　6. ABCD

三、判断题

1. √　2. ×　3. ×　4. ×　5. √　6. ×　7. ×　8. √

四、名词解释

定性预测法：是指利用直观的资料，依靠个人的经验和主观分析、判断能力，预测未来资金需要量的方法。

不变资金：是指在一定的产销量范围内，不受产销量变动的影响而保持固定不变的那部分资金。

变动资金：是指随产销量的变动而同比例变动的那部分资金。它一般包括直接构成产品实体的原材料、外购件等占用的资金。

内含增长率：如果不能或不打算从外部融资，则只能靠内部积累，从而限制了销售的增长。此时的销售增长率，称为“内含增长率”。

可持续增长率：是指不增发新股并保持目前经营效率（销售净利率、总资产周转率）和财务政策（权益乘数、留存收益率）条件下公司销售所能增长的最大比率。

预算：是关于企业未来一定预算期内全部经济活动各项目标、行动计划相应预期值的说明，其实质是一套以货币及其他数量形式反映的预计财务报表和其他附表，主要用来规划预算期内企业的经济活动及其成果。

五、简答题

1. 可持续增长率的假设条件有：①公司目前的资本结构是一个目标结构，并且打算继续维持下去；②公司目前的股利支付率是一个目标支付率，并且打算继续维持下去；③不愿意或者不打算发售新股，增加债务是其唯一的外部筹资来源；④公司的销售净利率将维持当前水平，并且可以涵盖负债的利息；⑤公司的资产周转率将维持当前的水平。

2. 可持续增长率与实际增长率的相互关系：

（1）如果某一年的经营效率和财务政策与上年相同，则实际增长率、上年的可持续增长率以及本年的可持续增长率三者相等。这种增长状态，在资金上可以永远持续发展下去，可称之为平衡增长。当然，外部条件是公司不断增加的产品能为市场所接受。

（2）如果某一年的公式中的四个财务比率有一个或多个数值增长，则实际增长率就会超过上年的可持续增长率，本年的可持续增长率也会超过上年的可持续增长率。由此可见，超常增长是“改变”财务比率的结果，而不是持续当前状态的结果。企业不可能每年提高这四个财务比率，也就不可能使超常增长继续下去。

(3) 如果某一年的公式中的四个财务比率有一个或多个数值比上年下降，则实际销售增长就会低于上年的可持续增长率，本年的可持续增长率也会低于上年的可持续增长率。这是超常增长之后的必然结果，公司对此事先要有所准备。如果不愿意接受这种现实，继续勉强冲刺，现金周转的危机就会很快来临。

3. 全面预算的作用：①预算是各级各部门工作的奋斗目标。②预算是各级各部门工作的协调工具。③预算是各级各部门工作的控制标准。④预算是各级各部门工作的考核依据。

4. 编制全面预算的基本程序是：

(1) 最高领导机构根据长期规划，利用本量利分析等工具，提出企业一定时期的总目标，并下达规划指标。

(2) 最基层成本控制人员自行草编预算，使预算较为可靠、较为符合实际。

(3) 各部门汇总部门预算，并初步协调本部门预算，编出销售、生产、财务等预算。

(4) 预算委员会审查、平衡各预算，汇总出公司的总预算。

(5) 经上级部门批准，审议机构通过或者驳回修改预算。

(6) 主要预算指标报告给董事会或上级主管单位，讨论通过或者驳回修改。

(7) 批准后的预算下达给各部门执行。

六、业务题

1. 答案：

(1) 在售价不变的情况下，销售增长率即为销售额的增长率。

此外，外部融资销售增长率为：

$0.35-5\%\times(1.08\div0.08)\times(1-60\%)=0.35-5\%\times13.5\times40\%=8\%$

外部融资额 $=8\%\times4\ 000\times8\%=25.6$（万元）

(2) 考虑通货膨胀以后的销售额增长率 $=(1+10\%)\times(1+8\%)-1=18.8\%$

销售增长额 $=4\ 000\times18.8\%=752$（万元）

外部融资销售增长比 $=0.35-5\%\times(1.188\div0.188)\times(1-60\%)=0.35-0.126\ 4=22.36\%$

对外融资额 $=22.36\%\times752\approx168.1$（万元）

2. 答案：　　　　　　　　　　　　　　　　　　　　　　　单位：万元

月份	五	六	七	八	九	十
工作底稿：						
销售收入	5 000	6 000	7 000	8 000	9 000	10 000
收账：						
销售当月（销售收入的20%）			1 400	1 600	1 800	
销售次月（销售收入的70%）			4 200	4 900	5 600	
销售再次月（销售收入的10%）			500	600	700	
收账合计			6 100	7 100	8 100	
采购金额（下月销售的70%）			5 600	6 300	7 000	
购货付款（延后1个月）			4 900	5 600	6 300	
现金预算						
(1) 期初余额			8 000	6 350	6 350	
(2) 收账			6 100	7 100	8 100	
(3) 购货			7 900	5 600	6 300	
(4) 工资			750	100	1 250	
(5) 其他付现费用			100	200	700	
(6) 预交所得税					2 000	
(7) 购置固定资产			8 000			
(8) 现金多余或不足			350	7 550	4 380	
(9) 向银行借款（1 000元的倍数）			6 000		2 000	
(10) 偿还银行借款（1 000元的倍数）				1 000		
(11) 支付借款利息(还款支付,年利率12%)				20		
(12) 期末现金余额（最低6 000元）			6 350	6 350	6 380	

3. 答案：

(1) 融资需要 = 资产增长 - 负债自然增长 - 留存收益增长

= 1 000 ×（100% - 10%）- 5 000 × 5% × 70%

= 900 - 175 = 725（万元）

(2) 资产销售比 - 负债销售比 = 销售净利率 ×［(1 + 增长率) ÷ 增长率］× 留存率

100% - 10% = 5% ×［(1/增长率) + 1］× 70%

增长率 = 4.05%

(3) 保持目前的全部财务比率，2012年可实现的销售增长率为：

可持续增长率 = 权益报酬率 × 留存率

= 200/［1 200 + (800 - 200 × 70%)］× 70%

= 7.53%

则2012年可实现的销售额 = 4 000 ×（1 + 7.53%）

= 4 301.2（万元）

(4) 融资需求 $=500\times(100\%-10\%)-4\ 500\times6\%\times100\%$

$=450-270$

$=180$（万元）

4. 答案：

(1) 确定下年度现金流入、现金流出和新增借款数额及利息。

现金流入：

①应收账款周转率 $=\frac{1\ 260}{144}=8.75$（次）

②期末应收账款 $=\frac{1\ 512}{8.75}=172.8$（万元）

③现金流入（本期收回） ＝本期发生＋期初余额－期末余额

$=1\ 512+144-172.8=1\ 483.2$（万元）

现金流出：

①年末应付账款 $=1\ 512\times(80\%-5\%)\times\frac{246}{1\ 008}=276.75$（万元）

购货支出（偿还支出） ＝本期发生＋期初－期末

$=1\ 512\times75\%+246-276.75=1\ 103.25$（万元）

②费用支出 $=1\ 512\times\frac{63}{1\ 260}+(63+20)=158.6$（万元）

③购置固定资产支出：220（万元）

④预计所得税：30（万元）

现金流出合计：1 511.85（万元）

现金多余或不足：$(14+1\ 483.2-1\ 511.85)=-14.65$（万元）

新增借款的数额：40（万元）

利息支出：$(200+40)\times\frac{10}{200}=12$（万元）

期末现金余额：13.35（万元）

新增借款额的计算过程：设新增借款额为 x，列出方程式

现金不足＋新借款－利息支出＝期末现金余额 $-14.65+x-(200+x)\times5\%-10X=36.47\approx40$（万元）

(2) 预测下年度税后利润。

收入 1 512（万元）

销售成本 $1\ 512\times(80\%-5\%)=1\ 134$（万元）

毛利 378（万元）

经营和管理费用：

变动费用（$1\ 512\times\frac{63}{1\ 260}$） $=75.6$（万元）

固定费用（63+20）=83（万元）

折旧30（万元）

营业利润189.4（万元）

利息12（万元）

利润总额177.4（万元）

所得税30（万元）

税后利润147.4（万元）

（3）预测下年度每股盈余。

$$每股盈余=\frac{147.4}{500}\approx 0.29\text{（元/股）}$$

5. 答案：

（1）

①下年预期销售增长率（可持续增长率）的计算：

$$销售净利率=\frac{500}{10\ 000}=5\%$$

$$\frac{销售收入}{期末总资产}=\frac{10\ 000}{2\ 500}=4\text{（次）}$$

$$\frac{期末总资产}{期末股东权益}=\frac{2\ 500}{1\ 250}=2$$

$$或：期初权益期末总资产乘数=\frac{2\ 500}{1\ 250-250}=2.5$$

$$收益留存率=\frac{250}{500}=50\%$$

按期末股东权益计算可持续增长率：

$$可持续增长率=\frac{销售净利率\times资产周转率\times权益乘数\times收益留存率}{1-销售净利率\times资产周转率\times权益乘数\times收益留存率}$$

$$=\frac{5\%\times4\times50\%\times2}{1-5\%\times4\times50\%\times2}=25\%$$

按期初股东权益计算可持续增长率：

2011年留利=10 000×5%×50%=250（万元）

$$可持续增长率=\frac{本期净利润\times本期收益留存率}{期初股东权益}$$

$$=\frac{10\ 000\times5\%\times50\%}{1\ 250-250}=25\%$$

或：可持续增长率=期初权益净利率×收益留存率

$$=\frac{500}{1\ 250-250}\times50\%=25\%$$

$$或：2011年期初权益期末总资产乘数=\frac{2\ 500}{1\ 250-250}=2.5$$

可持续增长率 = 5% × 4 × 50% × 2.5 = 25%

②在满足可持续增长率的条件下，股利增长率等于可持续增长率，即25%。

③股东预期的报酬率 = $\frac{下期股利}{当前股价}$ + 股利增长率

$$= \frac{250}{1\ 000} \times \frac{1.25}{30} + 25\% = 26.04\%$$

④资本成本 = 税后负债成本 × 负债比率 + 权益成本 × $\frac{权益}{资产}$

$$= \frac{125}{1\ 250} \times (1 - 20\%) \times \frac{1}{2} + 26.04\% \times \frac{1}{2} = 17.02\%$$

(2)

①销售净利率的计算：

由于2012年销售增长率为35%，大于上年可持续增长率25%，则2012年的可持续增长率就不等于该年的销售增长率，也就不能使用“可持续增长率”的公式进行计算。题中给出的条件是：2012年总资产周转率、权益乘数、留存收益率不变，求实现销售增长35%的销售净利率。可根据条件推算：

2012年销售收入 = 10 000 × (1 + 35%) = 13 500（万元）

2012年期末总资产 = $\frac{销售收入}{总资产周转率} = \frac{13\ 500}{4}$ = 3 375（万元）

2012年期末股东权益 = $\frac{期末总资产}{权益乘数} = \frac{3\ 375}{2}$ = 1 687.5（万元）

2012年留利 = 期末股东权益 − 期初股东权益

= 1 687.5 − 1 250 = 437.5（万元）

2012年净利 = $\frac{留存收益}{留存收益率} = \frac{437.5}{50\%}$ = 875（万元）

2012年销售净利率 = $\frac{净利}{销售收入} = \frac{875}{13\ 500} \approx 6.48\%$

由于给出的条件是2012年的资本结构没有变动，所以也可借用可持续增长率的公式计算如下：

设销售净利率为r，则 $35\% = \frac{r \times 0.5 \times 2 \times 4}{1 - r \times 0.5 \times 2 \times 4}$

r = 6.48%

若资本结构变化，就不能借用可持续增长率的公式来计算。

②筹集外部权益资金的计算：

下期预计销售收入 = 销售收入 × (1 + 计划销售增长率)

= 10 000 × (1 + 35%) = 13 500（万元）

总资产 = $\frac{销售收入}{总资产周转率} = \frac{13\ 500}{4}$ = 3 375（万元）

$$期末股东权益=总资产\times\frac{股东权益}{负债+股东}=3\ 375\times50\%=1\ 687.5（万元）$$

期初股东权益=1 250（万元）

本期留存收益=计划销售收入×销售净利率×留存收益率

=13 500×5%×50%=337.5（万元）

需要筹集外部权益资金=期末股东权益-期初股东权益-本期收益留存

=1 687.5-1 250-337.5=100（万元）

6. 答案：

现金预算　　单位：元

月份	10	11	12
期初现金余额		13 700+40 400=54 100	
加：销售现金收入		20 000×8×8%+30 000×8×30%+40 000×8×60%=276 800	
可供使用资金		276 800+54 100=330 900	
减：本月各项支出			
进货现金支出		$\frac{12\ 500+200\ 000-20\ 000}{2}+77\ 500=176\ 250$	
其他费用支出		85 000-12 000=73 000	
购置设备支出		150 000	
预交所得税		20 000	
支出合计		419 250	
现金的多余或不足		-88 350	
向银行借款		100 000	
还银行借款			
合计			
期末现金余额		11 650	

注：

11月1日存货成本=4 000×5=20 000（元）

11月30日=（25 000×10%+1 000）×5=17 500（元）

本月销售成本=40 000×5=200 000（元）

第六章 资本成本与资本结构

学习重点及难点

一、加权平均资本成本

加权平均资本成本，是指分别以各种资本成本为基础，以各种资金占全部资金的比重为权数计算出来的综合资本成本。它是综合反映资本成本总体水平的一项重要指标。

二、边际资本成本

边际资本成本，是指资金每增加一个单位而增加的成本。边际资本成本采用加权平均法计算，其权数为市场价值权数，而不应使用账面价值权数。当企业拟筹资进行某项投资时，应以边际资本成本作为评价该投资项目可行性的经济指标。

三、杠杆效应

财务管理中的杠杆效应，是指由于特定费用（如固定生产成本费用或固定财务费用）的存在而导致的，当某一财务变量以较小幅度变动时，另一相关财务变量会以较大幅度变动的现象。它包括经营杠杆、财务杠杆和复合杠杆三种形式。

四、成本习性及分类

成本习性，是指成本总额与业务量之间在数量上的依存关系。成本按习性可划分为固定成本、变动成本和混合成本三类。

五、经营杠杆与经营风险的关系

引起企业经营风险的主要原因，是市场需求和成本等因素的不确定性。经营杠杆本身并不是利润不稳定的根源，但是经营杠杆加大了市场和生产等不确定因素对利润变动的影响；经营杠杆系数越高，利润变动越剧烈，企业的经营风险就越大。一般来说，在其他因素一定的情况下，固定成本越高，经营杠杆系数越大，企业经营风险也就越大。

六、财务杠杆与财务风险的关系

财务风险亦称筹资风险，是指企业在经营活动过程中与筹资有关的风险，尤其是指在筹资活动中利用财务杠杆可能导致企业股权资本所有者收益下降的风险，甚至可能导致企业破产的风险。由于财务杠杆的作用，当息税前利润下降时，税后利润下降得更快，从而给企业股权资本所有者造成财务风险。财务杠杆会加大财务风险，企业举债比重越大，财务杠杆效应越强，财务风险越大。

七、复合杠杆与企业风险的关系

企业复合杠杆系数越大，每股利润的波动幅度越大。由于复合杠杆的作用使普通股每股利润大幅度波动而造成的风险，称为复合风险。复合风险直接反映企业的整体风险。在其他因素不变的情况下，复合杠杆系数越大，复合风险越大；复合杠杆系数越小，复合风险越小。

八、资本结构的含义

资本结构是指企业各种资本的构成及其比例关系。资本结构是企业筹资决策的核心问题。企业应综合考虑有关影响因素，运用适当的方法确定最佳资本结构，并在以后追加筹资中继续保持。资本结构问题总的来说是负债资本的比例问题，即负债在企业全部资本中所占的比重。

资本结构有广义和狭义之分。狭义的资本结构是指长期资本结构；广义的资本结构是指全部资金（包括长期资金、短期资金）的结构。

练习题

一、单项选择题

1. 财务杠杆说明（　　）。

　A. 增加息税前利润对每股利润的影响

　B. 企业经营风险的大小

　C. 销售收入的增加对每股利润的影响

　D. 可通过扩大销售影响息税前利润

2. 某公司2011年年初发行普通股1 000万股，每股发行价为10元，筹资费率为6%，所得税率为33%，该年年末每股发放股利1.5元，预计以后股利年增长率为3%，该公司年末留存800万元未分配利润用作发展之需，则这笔留存收益的资本成本为（　　）。

　A. 18.45%　　　　B. 13.69%

C. 15.96%　　D. 10.69%

3. 若企业无负债，则财务杠杆利益将（　　）。

A. 存在　　B. 不存在

C. 增加　　D. 有可能存在

4. 某公司发行普通股股票600万元，筹资费用率5%，上年股利率为14%，预计股利每年增长5%，所得税率33%，则该普通股成本率为（　　）。

A. 14.74%　　B. 9.87%

C. 20.47%　　D. 14.87%

5. 财务杠杆系数同企业资本结构密切相关，须支付固定性资本成本的债务资本所占比重越大，企业的财务杠杆系数（　　）。

A. 越小　　B. 越大

C. 不变　　D. 比例变化

6. 从资金的价值属性看，资本成本属于（　　）范畴。

A. 投资　　B. 资金

C. 成本　　D. 利润

7. 经营杠杆给企业带来的风险是（　　）。

A. 成本上升的风险

B. 利润下降的风险

C. 业务量变动导致息税前利润更大变动的风险

D. 业务量变动导致息税前利润同比例变动的风险

8. 企业财务风险的最终承担者是（　　）。

A. 债权人　　B. 企业职工

C. 国家　　D. 普通股股东

9. 只要企业的经营利润为正数，则经营杠杆系数（　　）。

A. 恒大于1　　B. 与固定成本成反比

C. 与销量成正比　　D. 与企业风险成反比

10. 经营杠杆系数（DOL）、财务杠杆系数（DFL）和复合杠杆系数（DCL）之间的关系是（　　）。

A. DCL = DOL + DFL　　B. DCL = DOL − DFL

C. DCL = DOL × DFL　　D. $DCL = \frac{DOL}{DFL}$

11. 最佳资本结构是指企业在一定时期最适宜其有关条件下的（　　）。

A. 企业价值最大的资本结构

B. 企业目标资本结构

C. 加权平均资本成本最低的目标资本结构

D. 加权平均资本成本最低，企业价值最大的资本结构

12. 某公司发行总面值为500万元的10年期债券，票面利率15%，发行费用率为5%，公司所得税税率为33%。该债券采用溢价发行，发行价格为600万元，该债券的资本成本为（ ）。

A. 8.82%　　B. 7.05%

C. 10.24%　　D. 9.38%

13. 在正常经营情况下，只要企业存在固定成本，那么经营杠杆系数必（ ）。

A. 大于1　　B. 与销售量成正比

C. 与固定成本成反比　　D. 与风险成反比

14. 在企业全部资本中，权益资本和债务资本各占50%，则企业（ ）。

A. 只存在经营风险

B. 只存在财务风险

C. 存在经营风险和财务风险

D. 经营风险和财务风险可以相互抵消

15. 在个别资本成本的计算中，不必考虑筹资费用影响因素的是（ ）。

A. 长期借款成本　　B. 债券成本

C. 留存收益成本　　D. 普通股成本

16. 某公司的权益和负债筹资额的比例为5:4，当负债增加至100万元以内时，综合资本成本率为10%。若资本成本和资本结构不变，当发行增加100万元的负债时，筹资总额分界点为（ ）。

A. 200万元　　B. 225万元

C. 180万元　　D. 400万元

17. 当财务杠杆系数为1时，下列中表述正确的是（ ）。

A. 息税前利润增长率为零　　B. 息税前利润为零

C. 利息与优先股股息为零　　D. 固定成本为零

18. 某企业2010年销售额为10 000元，2011年预计销售额为12 000元，2010年息税前利润为2 000元，2011年预计息税前利润为2 800元，则该公司2011年经营杠杆系数为（ ）。

A. 1.5　　B. 2.0

C. 2.5　　D. 3.2

19. 下列各项中，不影响经营杠杆系数的是（ ）。

A. 产品销售数量　　B. 产品销售价格

C. 固定成本　　D. 利息费用

20. 下列筹资活动中不会加大财务杠杆作用的是（ ）。

A. 增发普通股　　B. 增发优先股

C. 增发公司债券　　D. 增加银行借款

21. 当边际贡献超过固定成本后，下列措施中有利于降低复合杠杆系数，从而降低企业复合风险的是（　　）。

A. 降低产品销售单价　　B. 提高资产负债率

C. 节约固定成本支出　　D. 减少产品销售量

22. 某企业本期财务杠杆系数为1.5，本期息税前利润为450万元，则本期实际利息费用为（　　）。

A. 100万元　　B. 675万元

C. 300万元　　D. 150万元

23. 下列关于经营杠杆系数的说法，正确的是（　　）。

A. 在产销量的相关范围内，提高固定成本总额，能够降低企业的经营风险

B. 在相关范围内，产销量上升，经营风险加大

C. 在相关范围内，经营杠杆系数与产销量呈反方向变动

D. 对于某一特定企业而言，经营杠杆系数是固定的，不随产销量的变动而变动

24. 某企业资本总额为150万元，权益资金占55%，负债利率为12%，当前销售额为100万元，息税前盈利20万元，则其财务杠杆系数为（　　）。

A. 2.5　　B. 1.68

C. 1.15　　D. 2.0

25. 企业在追加筹资时，需要计算（　　）。

A. 综合资本成本　　B. 资本边际成本

C. 个别资本成本　　D. 变动成本

二、多项选择题

1. 固定成本的特点是在相关范围内（　　）。

A. 总额固定　　B. 单位额固定

C. 总额随业务量反比例变动　　D. 单位额随业务量反比例变动

2. 企业资本结构决策比较常用的方法是（　　）。

A. EBIT－EPS分析法　　B. 因素分析法

C. 本量利分析法　　D. 比较资本成本法

3. 计算企业财务杠杆系数需用到的数据包括（　　）。

A. 所得税率　　B. 基期利润总额

C. 基期利息　　D. 净利润

4. 企业债务成本过高时，可用于调整其资本结构的方式有（　　）。

A. 利用税后留存归还债务，以降低债务比重

B. 将可转换债券转换为普通股

C. 以公积金转增资本

D. 提前偿还长期债务，筹集相应的权益资金

5. 在个别资本成本中，需考虑所得税因素的是（　　）。

A. 债券成本　　B. 银行借款成本

C. 优先股成本　　D. 普通股成本

6. 关于经营杠杆系数，下列说法正确的是（　　）。

A. 其他因素不变时，固定成本越大，经营杠杆系数越大

B. 当固定成本趋于0时，经营杠杆系数趋于1

C. 在其他因素一定的条件下，产销量越大，经营杠杆系数越大

D. 经营杠杆系数同固定成本成反比

7. 资本结构中的负债比例对企业有重要影响，表现在（　　）。

A. 负债比例影响财务杠杆作用的大小

B. 适度负债有利于降低企业的资本成本

C. 负债有利于提高企业净利润

D. 负债比例反映企业财务风险的大小

8. 下列各项中，影响资本结构的基本因素是（　　）。

A. 资产结构　　B. 利润水平的变动趋势

C. 企业的财务状况　　D. 企业规模

9. 下列个别资本成本中，属于权益资本成本的是（　　）。

A. 优先股成本　　B. 长期债券成本

C. 普通股成本　　D. 留存收益成本

10. 复合杠杆的作用是（　　）。

A. 用来估计销售变动对息税前利润的影响

B. 用来估计销售变动对每股利润造成的影响

C. 揭示经营杠杆与财务杠杆之间的相互关系

D. 揭示企业面临的风险对企业投资的影响

11. 利用每股利润无差别点进行企业资本结构分析时，（　　）。

A. 当预计销售额高于每股利润无差别点时，采用权益筹资方式比采用负债筹资方式有利

B. 当预计销售额高于每股利润无差别点时，采用负债筹资方式比采用权益筹资方式有利

C. 当预计销售额低于每股利润无差别点时，采用权益筹资方式比采用负债筹资方式有利

D. 当预计销售额低于每股利润无差别点时，采用负债筹资方式比采用权益筹资方式有利

12. 企业降低经营风险的途径一般有（　　）。

A. 增加销售　　B. 增加自有资本

C. 降低变动成本　　D. 增加固定成本比例

13. 下列关于资本成本的说法中，正确的有（　　）。

A. 资本成本的本质是企业为筹集和使用资金而实际付出的代价

B. 资本成本并不是企业筹资决策中所要考虑的唯一因素

C. 资本成本的计算主要以年度的相对比率为计算单位

D. 资本成本可以视为项目投资或使用资金的机会成本

14. 某企业的资金总额中长期借款占15%，其中：当长期借款在45 000元以内时，借款的资本成本为3%；当长期借款在45 000~90 000元时，借款的资本成本为5%；当长期借款在90 000元以上时，借款的资本成本为7%，则其筹资突破点为（　　）元。

A. 300 000　　B. 600 000

C. 1 500 000　　D. 1 800 000

15. 企业在筹资决策中，除了考虑资本成本因素外，还需要考虑的因素有（　　）。

A. 财务风险　　B. 资金期限

C. 偿还方式　　D. 限制条件

16. 企业如果调整资本结构，则会影响（　　）。

A. 财务风险　　B. 经营风险

C. 资本成本　　D. 融资弹性

17. 在其他因素不变的情况下，固定成本越高，则（　　）。

A. 经营杠杆系数越小　　B. 经营风险越大

C. 经营杠杆系数越大　　D. 经营风险越小

18. 下列成本费用中属于资本成本主要费用的是（　　）。

A. 借款手续费　　B. 股票发行费

C. 利息　　D. 股利

19. 确定企业资本结构时，（　　）。

A. 如果企业的销售不稳定，则可较多地筹措负债资金

B. 为了保证原有股东的绝对控制权，一般应尽量避免采用普通股筹资

C. 若预期市场利率会上升，企业应尽量利用短期负债

D. 所得税税率越高，举借负债利益越明显

20. 影响企业边际贡献大小的因素有（　　）。

A. 固定成本　　B. 销售单价

C. 单位变动成本　　D. 产销量

21. 下列各项中，影响复合杠杆系数变动的因素有（　　）。

A. 固定经营成本　　B. 单位边际贡献

C. 产销量　　D. 固定利息

22．下列各项中，影响财务杠杆系数的因素有（　　）。

A．产品边际贡献总额　　B．所得税税率

C．固定成本　　D．企业自留资金

三、判断题

1．资本成本包括筹资费用和用资费用两部分，其中筹资费用是资本成本的主要内容。（　　）

2．最优资本结构是使企业筹资能力最强，财务风险最小的资本结构。（　　）

3．当经营杠杆系数和财务杠杆系数都为1.5时，总杠杆系数为3。（　　）

4．在计算债券成本时，债券筹资额应按发行价确定，而不应按面值确定。（　　）

5．如果企业负债资金为零，则财务杠杆系数为1。（　　）

6．企业的资本结构应同资产结构协调一致，比如固定资产比重大的企业应相应保持较高比重的长期资金。（　　）

7．相对于股票资金，长期借款由于借款期限长、风险大，因此资本成本比较高。（　　）

8．总杠杆的作用是能用来估计销售的变动对每股利润所造成的影响。（　　）

9．要降低约束性固定成本，就要在预算时精打细算，厉行节约，杜绝浪费，从减少其绝对额入手。（　　）

10．在各种资金来源中，凡是需支付固定性资本成本的资金都能产生财务杠杆作用。（　　）

11．留存收益也要计算资本成本，只不过不考虑筹资费用。（　　）

12．优先股的股利率一般大于债券的利息率。（　　）

13．在筹资额和利息（股息）率相同时，企业借款筹资产生的财务杠杆作用与发行优先股产生的财务杠杆作用不同，其原因是借款利息和优先股的股息并不相等。（　　）

14．只要在企业的筹资方式中有固定财务支出的债务和优先股，就存在财务杠杆作用。（　　）

15．当企业息税前资金利润率低于借入资金利率时，增加借入资金，可以提高自有资金利润率。（　　）

16．留存收益是企业利润所形成的，所以使用留存收益不需付出任何代价。（　　）

17．债转股可以提高资产负债率，优化资本结构。（　　）

18．经营杠杆本身并不是利润不稳定的根源。（　　）

19. 超过筹资总额分界点筹集资金，只要维持现有的资本结构，其资本成本率就不会增加。（ ）

20. 增加负债比重，虽然会影响信用评级机构对企业的评价，但可以降低资本成本。（ ）

21. 在经营杠杆、财务杠杆与复合杠杆中，作用最大的是复合杠杆。（ ）

四、名词解释

资本成本　税收效应　综合资本成本　边际资本成本　筹资总额分界点
经营风险　经营杠杆　财务杠杆　资本结构

五、简答题

1. 资本成本有何作用?
2. 普通股资本成本的计算方法有哪些?
3. 按照成本习性，成本可分为哪几类?
4. 负债在企业的资本结构中有何意义?
5. 企业资本结构决策常用的方法有哪些?

六、业务题

1. ABC 公司发行普通股股票 2 002 万元，筹资费用率 6%，第一年年末股利率为 12%，预计股利每年增长 2%，所得税税率 33%。

要求计算：该普通股的资本成本。

2. 华光公司资金总额为 600 万元，负债比率为 40%，负债利息率为 10%，该年公司实现息税前利润 70 万元，公司每年还将支付 4 万元的优先股股利，所得税税率 33%。

要求计算：该公司的财务杠杆系数。

3. 某公司 2011 年的销售额为 2 000 000 元，税后净利 180 000 元，财务杠杆系数为 1.6，固定营业成本 480 000 元，所得税税率为 25%。若预期 2012 年销售额为 2 400 000 元，则 2012 年的每股利润会较 2011 年增加多少百分比?

4. 某企业拟筹资 2 500 万元。其中：发行债券 1 000 万元，筹资费率 2%，债券年利率 10%，所得税税率 33%；优先股 500 万元，年股息率 7%，筹资费率为 3%；普通股 1 000 万元，筹资费率为 4%，第一年预计股利率 10%，以后各年增长 4%。

要求计算：该筹资方案的综合资本成本。

5. 某公司 2011 年销售产品 10 万件，单价 50 元，单位变动成本 30 元，固定成本总额 100 万元。公司负债 600 万元，年利息率为 12%，并需每年支付优先股股利 10 万元，所得税税率为 33%。

要求：

（1）计算 2011 年的边际贡献；

（2）计算 2011 年的息税前利润总额；

（3）计算该公司的复合杠杆系数。

6. 某企业目前拥有资本 1 000 万元，其结构为：债务资本 20%（年利息为 20 万元），普通股权益资本 80%（发行普通股 10 万股，每股面值 80 元）。现准备追加筹资 400 万元，有两种筹资方案可供选择：

（1）全部发行普通股：增发 5 万股，每股面值 80 元。

（2）发行债券 400 万元，年利率为 10%。

企业追加筹资后，息税前利润预计为 160 万元，所得税税率为 33%。

要求计算：两种筹资方案的每股利润无差异点和无差异点的每股利润额，并做出两种筹资方案的抉择。

7. 某企业拥有长期资金 500 万元，全部由长期借款与普通股构成，其目前的产权比率为 25%，企业拟筹集新的资金 300 万元，并维持目前的资本结构。随筹资额增加，各种资本成本的变化如下表所示：

资金种类	新筹资额（万元）	资本成本
长期借款	50 及以下 50 以上	5% 10%
普通股	100 及以下 100 以上	10% 12%

要求计算：各筹资总额分界点及相应各筹资范围的资本边际成本。

8. 某企业只生产一种产品，2011 年产销量为 5 000 件，每件售价为 240 元，成本总额为 850 000 元。在成本总额中，固定成本为 235 000 元，变动成本为 495 000 元，混合成本为 120 000 元（混合成本的分解公式为 $y = 40\ 000 + 16x$）。2012 年度预计固定成本可降低 5 000 元，其余成本和单价不变，计划产销量为 5 600 件。

要求计算：

（1）计划年度的息税前利润；

（2）产销量为 5 600 件下的经营杠杆系数。

9. 某企业 2011 年资产总额为 1 000 万元，资产负债率为 40%，负债平均利息率为 5%，实现的销售收入为 1 000 万元，全部的固定成本和费用为 220 万元，变动成本率为 30%。若预计 2012 年的销售收入提高 50%，其他条件不变。

要求：

（1）计算 DOL、DFL、DTL；

（2）预计 2012 年的每股利润增长率。

10. A公司正在着手编制明年的财务计划，请你协助计算其加权资本成本。有关信息如下：

（1）公司银行借款利率当前是9%，明年将下降为8.93%。

（2）公司债券面值为1元，票面利率为8%，期限为10年，分期付息。当前市价为0.85元，如按公司债券当前市价发行新的债券，发行成本为市价的4%。

（3）公司普通股面值为1元，当前每股市价为5.5元，本年派发现金股利0.35元，预计每股利润增长率维持在7%。

（4）公司预计明年的资本结构为：

银行借款150万元；

长期债券650万元；

普通股400万元。

（5）公司所得税税率为40%。

（6）公司普通股的β系数为1.1。

（7）当前国债的收益率为5.5%，市场上普通股平均收益率为13.5%。

要求：

（1）计算银行借款的税后资本成本；

（2）计算债券的税后资本成本；

（3）分别使用股票股利估价模型和资本资产定价模型估计普通股的资本成本；

（4）计算其加权平均资本成本。

11. M公司2011年销售额为140万元，息税前利润为30万元，固定成本为12万元，变动成本率为70%，资本总额为100万元，债券比率为40%，债券利率为12%。

要求：

（1）计算该公司的经营杠杆系数；

（2）计算该公司的财务杠杆系数；

（3）计算该公司的复合杠杆系数。

12. 甲企业只生产和销售A产品，其总成本习性模型为Y = 5 000 + 3X。假设该企业2011年度A产品销售量为5 000件，每件售价为5元；按市场情况，预测2012年A产品的销售数量将增长15%。

要求：

（1）计算2011年该企业的边际贡献总额；

（2）计算2011年该企业的息税前利润；

（3）计算销售量为5 000件时的经营杠杆系数；

（4）计算2012年息税前利润增长率；

（5）假定企业2011年发生负债利息2 500元，且无优先股股息，计算复合杠杆系数。

13. 某公司目前拥有资金2 000万元，其中，长期借款800万元，年利率10%；普通股1 200万元，上年支付的每股股利2元，预计股利增长率为5%，发行价格20元，目前价格也为20元。该公司计划筹集资金100万元，企业所得税税率为33%，有两种筹资方案：

方案一，增加长期借款100万元，借款利率上升到12%，假设公司其他条件不变。

方案二，增发普通股40 000股，普通股市价增加到每股25元。

要求：

（1）计算该公司筹资前加权平均资本成本；

（2）用比较资本成本法确定该公司最佳的资本结构。

参考答案

一、单项选择题

1. A　2. D　3. C　4. B　5. D　6. C　7. D　8. A　9. C
10. D　11. A　12. A　13. C　14. C　15. B　16. C　17. B　18. D
19. A　20. C　21. D　22. A　23. C　24. B　25. B

二、多项选择题

1. AD　2. ABD　3. BC　4. ABD　5. AB
6. AB　7. ABCD　8. ABCD　9. ACD　10. BC
11. BC　12. AC　13. ABCD　14. AB　15. ABCD
16. ACD　17. BC　18. CD　19. BD　20. BCD
21. ABCD　22. ABCD

三、判断题

1. ×　2. ×　3. ×　4. √　5. ×　6. √　7. ×　8. √　9. ×
10. √　11. √　12. √　13. ×　14. √　15. ×　16. ×　17. ×　18. √
19. ×　20. ×　21. √

四、名词解释

资本成本：是指企业为筹集和使用资金而付出的代价。

税收效应：是指纳税人因国家课税而在其经济选择或经济行为方面做出的反应。

综合资本成本：又称加权平均资本成本，是以各种不同筹资方式的资本成本为基数，以各种不同筹资方式占资本总额的比重为权数计算的加权平均数。

边际资本成本：是指企业每增加一个单位量的资本而形成的追加资本的成本。

筹资总额分界点：是指在现有目标资本结构下，保持某一资本成本不变时可以筹集到的资金总限额，即特定筹资方式下的资本成本变化的分界点。

经营风险：企业不采用债务筹资而开展经营所固有的风险，主要是由企业的销售数量、销售价格与成本等因素引起的。

经营杠杆：指在企业生产经营中由于存在固定成本而使利润变动率大于产销量变动率的规律。

财务杠杆：也称筹资风险，是举债筹资给企业未来收益带来的不确定性。

资本结构：是指企业各种资本的价值构成及其比例。

五、简答题

1. 资本成本的作用：

（1）资本成本是企业筹资决策的重要依据。企业在筹资过程中经常面临着多种筹资方案的抉择问题，筹资方案的选择通常要考虑筹资风险、筹资速度、筹资难易程度、控制权、资本成本等多个方面，资本成本是一个重要的决定因素，在其他因素相同或相近的情况下，企业更愿意选择成本低的资金来源。

（2）资本成本是企业投资决策的重要依据。企业在投资决策中经常面临着投资方案是否具有财务可行性的抉择问题，投资方案是否可行主要考察其是否为股东增加财富，即首先要看投资项目的预期收益率能否超过其资本成本，若投资收益弥补资本成本后还有剩余，则该项目可行，否则不可行。因此，资本成本往往成为投资方案决策的取舍率。

（3）资本成本是衡量企业经营业绩的重要尺度。

2. 普通股资本成本的计算方法有：

（1）固定股利模型法。如果股份制企业采用固定股利政策，即每股股票每年可得到相等金额的股利，因为普通股股利税后支付，不具有抵税作用，那么此时普通股资本成本的计算公式为：$k_C = \frac{D}{P_C(1-F_C)}$。

（2）固定增长股利模型法。如果股份制企业的收益每年按一个固定的比率增长，并采用固定股利率分配政策，则股利也会每年按一个固定的比率增长，此时普通股资本成本的计算公式为：$k_C = \frac{D_1}{P_C(1-F_C)} + G$。

（3）资本资产定价模型法。资本资产定价模型法实质上是一种将股东预期的投资收益率作为企业资本成本的方法。因为股东领取的股利和企业发放的股利是一个事物的两个方面，对股东来说它是投资收益，对企业来说它是资本成本。而股东的预期投资收益率可以分为无风险收益率和风险收益率两部分。具体计算公式：$k_C = R_C = R_f + \beta\ (R_m - R_f)$。

(4) 债券风险溢价模型法。与债券投资相比，股票投资的风险更大。主要表现在以下方面：股利分配金额的不确定性；资本收益的不确定性；普通股东对剩余财产的最后分配权。因此，股东要求的报酬率要高于债权人要求的投资报酬率。相应，企业采用股票筹资需要比债券筹资付出更大的代价，加之股息在税后支付，不具有抵税作用，因此，股票筹资的资本成本比债券筹资的资本成本要高。所以，股票资本成本可以用债券资本成本加上一定的风险溢价率表示。根据历史经验，风险溢价率通常在3% ~5%之间。

3. 按照成本习性，成本可分为变动成本、固定成本、混合成本。

4. 负债在资本结构中的意义：

(1) 由于负债具有低成本的优势，所以合理的负债有利于降低企业的资本成本。

(2) 负债具有财务杠杆作用。在债务资金规模一定的情况下，企业债务利息相对固定。当息税前利润增加时，债务资金利息不变，单位息税前利润负担的利息水平降低，将会使每股利润增长率大于息税前利润增长率。因此，在企业息税前利润较多或增长较快时，恰当利用债务资金，将会有效地发挥财务杠杆作用。

5. 企业资本结构决策的方法有：

(1) 比较资本成本法。比较资本成本法是通过计算不同筹资方案的加权平均资本成本，并从中选出加权平均资本成本最低的方案为最佳资本结构方案的方法。

(2) 每股收益无差别点分析法。影响企业价值的主要因素之一是企业的盈利水平。通常情况下，能增加企业盈利、提高股东收益的资本结构是好的资本结构。每股收益无差异点分析法是通过比较每股收益进行资本结构决策的方法。

(3) 企业价值比较法，是以企业价值的大小为标准进行资本结构决策的方法。财务管理的目标是实现企业价值最大化。在影响企业价值的各个因素中，预期收益和企业价值成正比，预期风险和企业价值成反比。比较资本成本法和每股利润无差异点法只考虑了收益和影响收益水平的资本成本，而没有考虑风险因素对资本结构的影响。在风险相同的情况下，增加收益可以提高企业价值；而在冒较大风险的情况下增加收益，将会提高资本成本，导致企业价值降低。所以，企业的最佳资本结构应该是可使企业价值最高，而不一定是每股收益最大的资本结构。同时，在企业价值最大的资本结构下，公司的资本成本也是最低的。

六、业务题

1. 答案：

$$普通股成本=\frac{D_1}{V_0\ (1-f)}+g=\frac{i}{1-f}+g=\frac{12\%}{1-6\%}+2\%=14.77\%$$

2. 答案：

$$财务杠杆系数(DFL)=\frac{EBIT}{EBIT-I-\frac{d}{1-T}}=\frac{70}{70-600\times 40\%\times 10\%-\frac{4}{1-33\%}}$$

$$=1.75$$

3. 答案：

要计算销售额的变动对 EPS 的影响，需计算复合杠杆系数。

第一步，利用 DFL = 1.6 计算利息费用。

$$DFL=1.6=\frac{EBIT}{EBIT-I}=\frac{\frac{180\ 000}{1-25\%}+I}{\frac{180\ 000}{1-25\%}}$$

I = 144 000（元）

第二步，计算 DOL、DCL。

$$DOL=\frac{M}{EBIT}=\frac{EBIT+a}{EBIT}=\frac{240\ 000+144\ 000+480\ 000}{240\ 000+144\ 000}=2.25$$

DCL = 2.25 × 1.6 = 3.6

第三步，计算 EPS 的变动率。

$$\frac{\Delta EPS}{EPS}=\frac{2\ 400\ 000-2\ 000\ 000}{2\ 000\ 000}\times DCL=20\%\times 3.6=72\%$$

4. 答案：

（1）该筹资方案中，各种资金占全部资金的比重（权数）：

$$债权比重=\frac{1\ 000}{2\ 500}=0.4$$

$$优先股比重=\frac{500}{2\ 500}=0.2$$

$$普通股比重=\frac{1\ 000}{2\ 500}=0.4$$

（2）各种资金的个别资本成本：

$$债券资本成本=\frac{10\%\times(1-33\%)}{1-2\%}=6.83\%$$

$$优先股资本成本=\frac{7\%}{1-3\%}=7.22\%$$

$$普通股资本成本=\frac{10\%}{1-4\%}+4\%=14.42\%$$

（3）该筹资方案的综合资本成本：

综合资本成本 $=6.83\% \times 0.4+7.22\% \times 0.2+14.42\% \times 0.4=9.94\%$

5. 答案：

（1）边际贡献 =（销售单价 - 单位变动成本）×产销量

$=(50-30)\times 10=200$（万元）

（2）息税前利润总额 = 边际贡献 - 固定成本 $=200-100=100$（万元）

（3）计算复合杠杆系数。其计算公式有多个，具体运用时，应根据题中给定的条件而定。该题应利用下列公式计算（考虑优先股）：

$$DCL=\frac{(P-V)\times Q}{(P-V)\times Q-a-I-\frac{d}{1-T}}=\frac{200}{200-100-600\times 12\%-\frac{10}{1-33\%}}$$

$$=15.30$$

6. 答案：

（1）利用公式计算出每股利润无差异点：

$$\frac{(\overline{EBIT}-I_1)\times(1-T)}{N_1}=\frac{(\overline{EBIT}-I_2)\times(1-T)}{N_2}$$

其中，左式为普通股筹资方式，右式为长期债务筹资方式。

因此，$I_1=20$ 万元，$N_1=10+5=15$ 万股，$I_2=20+40=60$ 万元，$N_2=10$ 万股

则 $\frac{(\overline{EBIT}-20)\times(1-33\%)}{15}=\frac{(\overline{EBIT}-60)\times(1-33\%)}{10}$

$\overline{EBIT}=140$（万元）

（2）无差异点的每股利润的计算，将 $\overline{EBIT}$ 代入上式中任意一边均可。

每股利润 $=\frac{(140-20)\times(1-33\%)}{15}=5.36$（元）

（3）进行抉择。因为预计的 EBIT 为 160 万元，则：

$EBIT=160>\overline{EBIT}=140$

因此，应选择长期负债融资，这样可使企业的每股利润增加，引起股价上涨。

7. 答案：

（1）要做这道题，突破点是计算产权比率。

产权比率是负债总额与所有者权益的比率 $=\frac{负债总额}{所有者权益}=25\%=\frac{1}{4}$

（2）确定今后的资本结构。

今后的资本结构与目前资本结构相同。

目前：负债占总资金的比率 $=\frac{1}{1+4}=\frac{1}{5}=20\%$

普通股占总资金的比率 $=80\%$

（负债: 所有者权益 = 1:4，总资产 = 负债 + 所有者权益）

（3）计算各筹资总额的分界点和确定筹资总额的范围。

$$筹资总额分界点=\frac{第\ i\ 种筹资方式的分界点}{第\ i\ 种筹资方式所占比例}$$

筹资方式	资本成本	特定筹资方式的筹资范围（万元）	筹资总额分界点（万元）	筹资总额的范围（万元）
长期借款	5% 10%	0～50 50 以上	$\frac{50}{20\%}=250$	0～250 大于 250
普通股	10% 12%	0～100 100 以上	$\frac{100}{80\%}=125$	0～125 大于 125

（4）通过第三步计算可得到如下三组新的筹资范围：

0～125，125～250，250 以上

（5）计算各筹资范围内的边际资本成本。

计算出各筹资范围内的加权平均资本成本，即可得到各种筹资范围的资本边际成本。计算结果见下表：

序号	筹资总额范围（万元）	筹资方式	资本结构	资本成本	资本的边际成本
1	0～125	长期借款 普通股	20% 80%	5% 10%	1% 8% 第一个范围的资本边际成本 = 9%
2	125～250	长期借款 普通股	20% 80%	5% 12%	1% 9.6% 第二个范围的资本边际成本 = 10.6%
3	250 以上	长期借款 普通股	20% 80%	10% 12%	2% 9.6% 第三个范围的资本边际成本 = 11.6%

由于长期借款的筹资总额范围在 0～50 之间，其资本成本为 5%，因此筹资总额范围为 0～125 时，其资本成本为 5%。其他资本成本的确定与此相同。

8. 答案：

（1）$单位变动成本=\frac{495\ 000}{5\ 000}+16=115$（元）

固定成本总额 = 235 000 + 40 000 − 5 000 = 270 000（元）

边际贡献 = 5 600 ×（240 − 115）= 700 000（元）

息税前利润 = 700 000 − 270 000 = 430 000（元）

（2）$经营杠杆系数=\frac{700\ 000}{430\ 000}\approx 1.63$

9. 答案：

(1) 年利息 = 1 000 × 40% × 5% = 20（万元）

固定成本 = 220 − 20 = 200（万元）

$$DOL = \frac{1\,000 - 1\,000 \times 30\%}{700 - 200} = 1.4$$

$$DFL = \frac{500}{500 - 20} \approx 1.04$$

$$DTL = 1.4 \times 1.04 \approx 1.46$$

(2) 每股利润增长率 = 1.46 × 50% ≈ 73%

10. 答案：

(1) 银行借款成本 = 8.93% ×（1 − 40%）≈ 5.36%

说明：资本成本用于决策，与过去的举债利率无关。

(2) 债券成本 $= \frac{1 \times 8\% \times (1 - 40\%)}{0.85 \times (1 - 4\%)} = 5.88\%$

说明：发行成本是不可省略的，以维持不断发新债还旧债；存在折价和溢价时，筹资额按市价而非面值计算。

(3) 普通股成本：

股利估价模型：$\frac{d_1}{p_0} + g = \frac{0.35 \times (1 + 7\%)}{5.5} + 7\% = 13.81\%$

资本资产定价模型：5.5% + 1.1 ×（13.5% − 5.5%）= 14.3%

普通股平均成本：$\frac{13.81\% + 14.3\%}{2} \approx 14.06\%$

(4) 计算加权平均成本：$\frac{5.36\% \times 150}{1\,200} + \frac{5.88\% \times 650}{1\,200} + \frac{14.06\% \times 400}{1\,200}$

$\approx 8.54\%$

11. 答案：

(1) 经营杠杆系数 $= \frac{140 - 140 \times 70\%}{140 - 140 \times 70\% - 12} = 1.4$

(2) 财务杠杆系数 $= \frac{30}{30 - 100 \times 40\% \times 12\%} = 1.19$

(3) 复合杠杆系数 = 1.4 × 1.19 = 1.666

12. 答案：

(1) 2011 年企业的边际贡献总额 = 销售收入 − 变动成本

= 5 000 × 5 − 5 000 × 3

= 10 000（元）

(2) 2011 年企业的息税前利润 = 边际贡献总额 − 固定成本

= 10 000 − 5 000

= 5 000（元）

(3) 销售量为5 000件时的经营杠杆系数 $=\frac{边际贡献总额}{息税前利润总额}=\frac{10\ 000}{5\ 000}=2$

(4) 经营杠杆系数 $=\frac{息税前利润变动率}{产销量变动率}$

2012年息税前利润增长率 $=2\times15\%=30\%$

(5) 复合杠杆系数 $=\frac{(5-3)\times5\ 000}{(5-3)\times5\ 000-5\ 000-2\ 500}=4$

13. 答案：

(1) 目前资本结构为：长期借款40%，普通股60%。

借款成本 $=10\%\times(1-33\%)=6.7\%$

普通股成本 $=\frac{2\times(1+5\%)}{20}+5\%=15.5\%$

加权平均资本成本 $=6.7\%\times40\%+15.5\%\times60\%=11.98\%$

(2) 新借款成本 $=12\%\times(1-33\%)=8.04\%$

增加借款筹资方案的加权平均资本成本

$=6.7\%\times\frac{800}{2\ 100}+15.5\%\times\frac{1\ 200}{2\ 100}+8.04\%\times\frac{100}{2\ 100}=11.88\%$

普通股资本成本 $=\frac{2\times(1+5\%)}{25}+5\%=13.4\%$

增加普通股筹资方案的加权平均资本成本

$=6.7\%\times\frac{800}{2\ 100}+13.4\%\times\frac{1\ 200+100}{2\ 100}=10.85\%$

因此该公司应选择普通股筹资。

第七章 项目投资

学习重点及难点

一、投资的程序

企业投资的程序主要包括以下步骤：①提出投资领域和投资对象；②评价投资方案的财务可行性；③投资方案比较与选择；④投资方案的执行；⑤投资方案的再评价。

二、投资决策应遵循的原则

企业投资决策应遵循以下原则：①综合性原则；②可操作性原则；③相关性和准确性原则；④实事求是的原则；⑤科学性原则。

三、项目计算期的构成

项目计算期，是指投资项目从投资建设开始到最终清理结束整个过程的全部时间，包括建设期和运营期（具体又包括投产期和达产期）。其中，建设期是指项目资金正式投入开始到项目建成投产为止所需要的时间，建设期的第一年初称为建设起点，建设期的最后一年末称为投产日。在实践中，通常应参照项目建设的合理工期或项目的建设进度计划合理确定建设期。项目计算期的最后一年年末称为终结点，假定项目最终报废或清理均发生在终结点（更新改造除外）。从投产日到终结点之间的时间间隔称为运营期，又包括试产期和达产期（完全达到设计生产能力）两个阶段。试产期是指项目投入生产，但生产能力尚未完全达到设计能力时的过渡阶段。达产期是指生产运营达到设计预期水平后的时间。运营期一般应根据项目主要设备的经济使用寿命期确定。

项目计算期、建设期和运营期之间存在以下关系：

项目计算期 = 建设期 + 运营期

四、项目投资的内容

从项目投资的角度看，原始投资（又称初始投资）等于企业为使该项目完全达到设计生产能力、开展正常经营而投入的全部现实资金，包括建设投资和流动资金投资两项内容。

建设投资，是指在建设期内按一定生产经营规模和建设内容进行的投资，具体包括固定资产投资、无形资产投资和其他资产投资三项内容。

固定资产投资，是指项目用于购置或安装固定资产应当发生的投资。固定资产原值与固定资产投资之间的关系如下：

固定资产原值 = 固定资产投资 + 建设期资本化借款利息

项目总投资是反映项目投资总体规模的价值指标，等于原始投资与建设期资本化利息之和。

五、完整工业投资项目的现金流量

完整工业投资项目是以新增工业生产能力为主的投资项目，其投资内容包括固定资产投资、流动资金投资。现金流量包括：①现金流入量，即营业收入、补贴收入、回收固定资产余值和回收流动资金。②现金流出量，即建设投资、流动资金投资、经营成本、营业税金及附加、维持运营投资和调整所得税。

六、投资决策评价指标及其类型

投资决策评价指标，是指用于衡量和比较投资项目可行性，以便据以进行方案决策的定量化标准与尺度。从财务评价的角度，投资决策评价指标主要包括静态投资回收期、投资收益率、净现值、净现值率、获利指数、内部收益率。

评价指标可以按以下标准进行分类：①按照是否考虑资金时间价值分类，可分为静态评价指标和动态评价指标。前者是指在计算过程中不考虑资金时间价值因素的指标，包括投资收益率和静态投资回收期；后者是指在指标计算过程中充分考虑和利用资金时间价值的指标。②按指标性质不同，可分为在一定范围内越大越好的正指标和越小越好的反指标两大类。只有静态投资回收期属于反指标。③按指标在决策中的重要性，可分为主要指标、次要指标和辅助指标。净现值、内部收益率等为主要指标；静态投资回收期为次要指标；投资收益率为辅助指标。

七、内含报酬率的计算

内含报酬率（IRR），是指项目投资实际可望达到的收益率。实质上，它是能使项目的净现值等于零时的折现率。计算内含报酬率的方法有：①简算法。它的条件十分苛刻，只有当项目投产后的净现金流量表现为普通年金的形式时，才可以直接利用年金现值系数计算内部收益率。②采用逐次测试逼近法结合内插法计算内含报酬率。

练习题

一、单项选择题

1. 某投资项目，若使用10%作为贴现率，其净现值为500万元，使用15%作贴现率，净现值为-400万元，该项目的内含报酬率是（ ）。

A. 12.8% B. 17.8%

C. 15.5% D. 12.2%

2. 在全部投资均于建设起点一次投入，建设期为零，投产后每年净现金流量相等的条件下，为计算内含报酬率IRR所求得的年金现值系数的数值应等于项目的（ ）。

A. 回收系数 B. 净现值率指标的值

C. 静态投资回收期指标的值 D. 投资利润率指标的值

3. 在财务管理中，将以特定项目为对象，直接与新建项目或更新改造项目有关的长期投资行为称为（ ）。

A. 项目投资 B. 证券投资

C. 固定资产投资 D. 流动资产投资

4. 某投资项目在建设期内投入全部原始投资，该项目的净现值率为15%，则该项目的获利指数为（ ）。

A. 0.15 B. 0.85

C. 1.15 D. 3

5. 如果其他因素不变，一旦折现率提高，则下列指标数值会变小的有（ ）。

A. 净现值率 B. 投资利润率

C. 内含报酬率 D. 投资回收期

6. 在单一方案决策过程中，与净现值评价结论可能发生矛盾的评价指标是（ ）。

A. 净现值率 B. 获利指数

C. 投资回收期 D. 内含报酬率

7. 已知某投资项目的原始投资额为100万元，建设期为2年，投产后第1~8年每年NCF=25万元，第9~10年每年NCF=20万元，则该项目包括建设期的静态投资回收期为（ ）。

A. 4年 B. 5年

C. 6年 D. 7年

8. 能使投资方案的净现值等于零的折现率是（ ）。

A. 净现值率 B. 内含报酬率

C. 投资利润率　　D. 资本成本率

9. 当某方案的净现值大于零时，其内含报酬率（　　）。

A. 可能小于零　　B. 一定等于零

C. 一定大于设定折现率　　D. 可能等于设定折现率

10. 不管其他投资方案是否被采纳和实施，其收入和成本都不会因此受到影响的投资是（　　）。

A. 互斥投资　　B. 独立投资

C. 互补投资　　D. 互不相容投资

11. 当贴现率为10%时，某项目的净现值为500元，则说明该项目的内含报酬率（　　）。

A. 高于10%　　B. 低于10%

C. 等于10%　　D. 无法界定

12. 在长期投资决策中，一般属于经营期现金流出项目的有（　　）。

A. 固定资产投资　　B. 开办费投资

C. 经营成本　　D. 无形资产投资

13. 下列说法中不正确的是（　　）。

A. 按收付实现制计算的现金流量比按权责发生制计算的净收益更加具有可比性

B. 利用净现值不能揭示某投资方案可能达到的实际报酬率

C. 分别利用净现值、内含报酬率、现值指数法进行单一项目评价时，结果是一致的

D. 投资回收期和投资利润率法都没有考虑回收期满后的现金流量或收益状况

14. 一个投资方案年销售收入300万元，年销售成本210万元，其中折旧85万元，所得税税率为40%，则该方案的年现金流量净额为（　　）万元。

A. 90　　B. 139

C. 175　　D. 54

15. 在下列指标的计算中，没有直接利用净现金流量的是（　　）。

A. 内含报酬率　　B. 投资利润率

C. 净现值率　　D. 获利指数

16. 甲投资项目原始投资额为150万元，使用寿命10年。已知该项目第10年的经营净现金流量为37.5万元，期满处置固定资产残值收入及回收流动资金共12万元，则该投资项目第10年的净现金流量为（　　）万元。

A. 12　　B. 37.5

C. 49.5　　D. 43

17. 长期投资决策中，不宜作为折现率进行投资项目评价的是（　　）。

A. 行业平均资金收益率　　B. 投资项目的资本成本

C. 投资的机会成本　　D. 活期存款利率

18. A公司有一投资方案，该方案的年销售收入为90万元，年销售成本和费用为60万元，其中折旧为10万元，所得税税率为33%，则此方案的年现金净流量为（　　）万元。

A. 20　　B. 40

C. 30.1　　D. 35

19. 下列投资项目评价指标中，不受建设期长短、投资回收时间先后及现金流量大小影响的评价指标是（　　）。

A. 投资回收期　　B. 投资利润率

C. 净现值率　　D. 内含报酬率

20. 包括建设期的静态投资回收期是（　　）。

A. 净现值为零的年限　　B. 净现金流量为零的年限

C. 累计净现值为零的年限　　D. 累计净现金流量为零的年限

21. 下列各项中，不会对投资项目内含报酬率指标产生影响的因素是（　　）。

A. 原始投资　　B. 现金流量

C. 项目计算期　　D. 设定折现率

22. 不属于净现值指标缺点的是（　　）。

A. 不能从动态的角度直接反映投资项目的实际收益率水平

B. 当各项目投资额不等时，仅用净现值无法确定投资方案的优劣

C. 净现金流量的测量和折现率的确定比较困难

D. 没有考虑投资的风险性

23. 下列指标的计算中，没有直接利用净现金流量的是（　　）。

A. 内含报酬率　　B. 投资利润率

C. 净现值率　　D. 获利指数

二、多项选择题

1. 投资决策分析使用的贴现指标主要包括（　　）。

A. 投资利润率　　B. 偿还期

C. 内含报酬率　　D. 净现值

2. 下列因素中，影响内含报酬率的有（　　）。

A. 银行存款利率　　B. 银行贷款利率

C. 投资项目有效年限　　D. 初始投资金额

3. 如果净现值 >0，则（　　）。

A. 净现值率 >0　　B. 获利指数 >1

C. 内含报酬率 > 设定折现率　　D. 获利指数 < 1

4. 下列项目中，属于经营期现金流入项目的有（　　）。

A. 营业收入　　B. 回收流动资金

C. 经营成本节约额　　D. 回收固定资产余值

5. 下列项目中，属于经营期现金流出项目的有（　　）。

A. 经营成本　　B. 所得税

C. 经营成本节约额　　D. 固定资产折旧费

6. 下列指标中，属于静态指标的有（　　）。

A. 投资回收期　　B. 净现值

C. 获利指数　　D. 投资报酬率

7. 下列指标中，需要以已知的行业基准折现率计算的有（　　）。

A. 获利指数　　B. 内含报酬率

C. 净现值　　D. 净现值率

8. 公司拟投资一个10万元的项目，投产后年均现金流入48 000元，付现成本13 000元，预计有效期5年，按直线法提折旧，无残值，所得税税率为33%，则该项目（　　）。

A. 回收期为2.86年　　B. 回收期为3.33年

C. 投资利润率为10.05%（税后）　D. 投资利润率为35%（税后）

9. 采用获利指数法评价投资项目可行性时，所采用的折现率通常有（　　）。

A. 投资项目的资本成本率

B. 投资的机会成本率

C. 行业平均资金收益率

D. 在计算项目建设期净现金流量现值时，可以贷款的实际利率作为贴现率

10. 评价投资方案的投资回收期指标的主要缺点是（　　）。

A. 不能衡量企业的投资风险

B. 没有考虑资金时间价值

C. 没有考虑回收期后的现金流量

D. 不能衡量投资方案投资报酬率的高低

11. 采用净现值法评价投资项目可行性时，所采用的折现率通常有（　　）。

A. 投资项目的资本成本率　　B. 投资的机会成本率

C. 行业平均资金收益率　　D. 投资项目的内含报酬率

12. 下列指标中属于折现的相对量评价指标的是（　　）。

A. 净现值率　　B. 获利指数

C. 投资利润率　　D. 内含报酬率

13. 完整的工业投资项目的现金流入主要包括（　　）。

A. 回收固定资产余额　　B. 营业收入

C. 其他现金流入量　　D. 回收流动资金

14. 若 NPV <0，则下列关系式中正确的有（　　）。

A. NPVR >0　　B. NPVR <0

C. PI <1　　D. IRR < i_c

15. 在一般投资项目中，当一项投资方案的净现值等于零时，即表明（　　）。

A. 该方案的获利指数等于1

B. 该方案不具备财务可行性

C. 该方案的净现值率大于零

D. 该方案的内含报酬率等于设定折现率或行业基准收益率

16. 下列长期投资决策评价指标中，其数值越大越好的指标是（　　）。

A. 净现值率　　B. 投资回收期

C. 内含报酬率　　D. 投资利润率

17. 净现值法的优点有（　　）。

A. 考虑了资金时间价值

B. 考虑了项目计算期的全部净现金流量

C. 考虑了投资风险

D. 可从动态上反映项目的实际投资收益率

18. 完整的工业投资项目的现金流入主要包括（　　）。

A. 营业收入　　B. 回收固定资产变现净值

C. 固定资产折旧　　D. 回收流动资金

三、判断题

1. 机会成本不是实际的费用支出，而是失去的收益。（　　）

2. 所谓净现值是指某项目未来各年现金流入与现金流出差额的现值之和。（　　）

3. 获利指数大于1，就表明该项目具有正的净现值，对企业有利。（　　）

4. 因为固定资产投资是用于购建固定资产的支出，所以固定资产原值一定等于固定资产投资。（　　）

5. 当静态投资回收期或投资利润率的评价结论与净现值等主要指标的评价结论发生矛盾时，应以主要指标结论为准。（　　）

6. 在对同一个独立投资项目进行评价时，用净现值、净现值率、获利指数和内含报酬率指标会得出完全相同的决策结论，而采用静态投资回收期则

有可能得出与上述结论相反的决策结论。 （ ）

7. 一般情况下，使某投资方案的净现值小于零的折现率，一定高于该投资方案的内含报酬率。 （ ）

8. 不考虑时间价值的前提下，投资回收期越短，投资获利能力越强。 （ ）

9. 获利指数法可从动态的角度反映项目投资的资金投入与总产出之间的关系，可以使投资额不同的方案之间直接用获利指数进行对比。 （ ）

10. 投资利润率、净现值率、获利指数对同一个项目进行评价，得出的结果一定完全相同。 （ ）

11. 内含收益率是能使投资项目的净现值等于1时的折现率。 （ ）

12. 投资利润率的计算结果不受建设期的长短、资金投入的方式以及回收额的有无等条件限制。 （ ）

13. 若假定在经营期不发生提前回收流动资金，则在终结点回收的流动资金应等于各年垫支的流动资金投资额的合计数。 （ ）

四、名词解释

项目投资　现金净流量　相关成本　净现值　现值指数　内含报酬率　回收期　固定资产的平均年成本

五、简答题

1. 项目投资有哪些特点？
2. 项目计算期如何计算？资金的投入方式有哪些？
3. 原始总投资和投资总额有什么不同？
4. 什么是现金流量？现金流量的内容有哪些？
5. 现金净流量如何计算？
6. 所得税和折旧对现金净流量的计算有什么影响？

六、业务题

1. 已知某长期投资项目建设期净现金流量为：$NCF_0=-500$ 万元，$NCF_1=-500$ 万元，$NCF_2=0$；第3~12年的经营净现金流量 $NCF_{3-12}=200$ 万元，第12年年末的回收额为100万元，行业基准折现率为10%。

要求计算该项目的下列指标：

（1）原始投资额；

（2）终结点净现金流量；

（3）静态投资回收期；

（4）净现值。

2. 企业现有一台旧设备，尚可使用5年，预计5年后残值为5 000元，账面价值为25 000元，变现价值亦为25 000元。该设备每年获营业收入

600 000 元，经营成本 400 000 元。现企业打算购入一新型设备，价值 105 000 元，预计 5 年后残值为 5 000 元。使用新设备每年经营成本增加 30 000 元，营业收入增加 50 000 元，企业所得税税率为 30%。

试用差量分析比较新旧设备的优劣。（行业基准收益率为 10%）

3. 某企业现有甲、乙、丙、丁四个投资项目，有关资料如下表：

单位：万元

项目	原始投资	净现值	净现值率
甲	300	90	30%
乙	200	70	35%
丙	100	28	28%
丁	100	45	45%

要求：分别就以下不相关情况做出多方案组合决策。

（1）投资总额不受限制；

（2）投资总额受到限制，分别为 300 万元、500 万元。

4. 某工业投资项目的 A 方案如下：项目原始投资额为 650 万元，其中，固定资产投资为 500 万元，流动资产投资为 100 万元，其余为无形资产投资。全部资金的来源均为自有资金。该项目建设期为 2 年，经营期为 10 年。除流动资金在项目完工时（第二年年末）投入外，其余投资均于建设起点一次投入。

固定资产的寿命期为 10 年，按直线法计提折旧，期满有 40 万元的净残值；无形资产从投产年份起分 10 年摊销完毕；流动资金于终点时一次收回。

预计项目投产后，每年发生的相关营业收入（不含增值税）和经营成本分别为 380 万元和 129 万元，所得税税率为 33%，该项目不享受减免所得税的待遇。

要求：

（1）计算该项目 A 方案的下列指标：

①项目计算期；

②固定资产原值；

③固定资产年折旧；

④无形资产投资额；

⑤无形资产年摊销额；

⑥经营期每年总成本；

⑦经营期每年营业净利润；

⑧经营期每年净利润；

(2) 计算该项目 A 方案的下列净现金流量指标：

①建设期各年的净现金流量；

②投产后 1 ~ 10 年每年的经营现金流量；

③项目计算期期末回收额；

④终结点净现金流量。

(3) 按 14% 的行业基准折现率计算的 A 方案净现值指标为 145 万元，请据此评价该方案的财务可行性；

(4) 该项目的 B 方案比 A 方案多投入 50 万元的原始投资，建设期为零年，经营期不变，其净现金流量为 $NCF_0 = -700$ 万元，$NCF_{1-10} = 161.04$ 万元。请计算该项目 B 方案的净现值指标，并据此评价该方案的财务可行性。

5. 某公司拟投产一新产品，需要购置一套专用设备，预计价款 900 000 元，追加流动资金 145 822 元。设备按 5 年采用直线法计提折旧，净残值率为零。该新产品预计销售单价 20 元/件，单位变动成本 12 元/件，固定成本 500 000 元（不包括折旧）。该公司所得税税率为 40%，投资的最低报酬率为 10%。

要求：计算净现值为零时的销售量水平（计算结果保留整数）。

6. A 公司拟购建一项固定资产，需投资 300 万元，使用期 10 年，期末有 10 万元净残值，采用直线法提折旧。在建设起点一次投入借入资金 300 万元，建设期 1 年，建设期资本化利息 60 万元，预计投产后每年可获利 45 万元，假定行业基准收益率为 10%（借款年利率为 20%）。

要求：计算该投资项目的净现值，并判断其财务可行性。

7. 某企业投资 15 500 元购入一台设备。该设备预计残值为 500 元，可使用 3 年，折旧按直线法计算。设备投产后每年销售收入增加额分别为 10 000 元、20 000 元、15 000 元，除折旧外的费用增加额分别为 4 000 元、12 000 元、5 000 元。企业适用的所得税税率为 40%，要求的最低投资报酬率为 10%，目前年税后利润为 20 000 元。

要求：

(1) 假设企业经营无其他变化，预测未来 3 年企业每年的税后利润；

(2) 计算该投资方案的净现值。

8. A 公司原有设备一台，账面价值为 5.5 万元，目前售出得收入 7.5 万元，预计使用 10 年，已使用 5 年，预计残值为 0.75 万元，该公司用直线法提取折旧。现该公司拟购买新设备替换原设备，以提高生产效率，降低成本。新设备购置成本为 40 万元，使用年限为 5 年，同样用直线法提取折旧，预计残值与使用旧设备的残值一致；使用新设备后公司每年的销售额可从 150 万元上升到 165 万元，每年的付现成本将从 110 万元上升到 115 万元。该企业的所得税税率为 33%，资本成本率为 10%。

要求：用净现值法判断该设备是否应当更新。

9. 已知宏达公司拟于2012年年初用自有资金购置设备一台，需一次性投资100万元。经测算，该设备使用寿命为5年，税法亦允许按5年计提折旧；设备投入运营后每年可新增利润20万元。假定该设备按直线法折旧，预计的净残值率为5%；已知（P/A, 10%, 5）= 3.790 8，（P/F, 10%, 5）= 0.620 9。不考虑建设安装期和公司所得税。

要求：

（1）计算使用期内各年净现金流量；

（2）计算该设备的静态投资回收期；

（3）计算该投资项目的投资利润率（ROI）；

（4）如果以10%作为折现率，计算其净现值。

参考答案

一、单项选择题

1. A　2. C　3. A　4. C　5. A　6. C　7. C　8. B　9. B
10. C　11. B　12. A　13. C　14. D　15. B　16. B　17. C　18. D
19. B　20. B　21. D　22. D　23. B

二、多项选择题

1. CD　2. CD　3. ABC　4. ABD　5. ABC
6. AD　7. ACD　8. BC　9. ABCD　10. BCD
11. ABC　12. ABD　13. ABCD　14. BCD　15. AD
16. ACD　17. ABC　18. ABD

三、判断题

1. √　2. √　3. √　4. ×　5. √　6. √　7. √　8. ×　9. √
10. ×　11. ×　12. √　13. √

四、名词解释

项目投资：是一种以特定项目为对象，直接与新建项目或更新改造项目有关的长期投资行为。

现金净流量：是指一定期间现金流入量和现金流出量的差额。这里所说的“一定期间”，有时是指一年内，有时是指投资项目持续的整个年限内。

相关成本：是指与特定决策有关的、在分析评价时必须加以考虑的成本。例如，未来成本、重置成本、机会成本都属于相关成本。

净现值：是指特定方案未来现金流入的现值与未来现金流出的现值之间的差额。

现值指数：是未来现金流入现值与现金流出现值的比率，亦称现值比率、获利指数、贴现后收益—成本比率等。

内含报酬率：是指能够使未来现金流入量现值等于未来现金流出量现值的贴现率，或者说是使投资方案净现值为零的贴现率。

回收期：是指投资引起的现金流入累积到与投资额相等所需要的时间，它代表收回投资所需要的年限。

固定资产的平均年成本：是指该资产引起的现金流出的年平均值。如果不考虑货币的时间价值，那么它就是未来使用年限内的现金流出总额与使用年限的比值；如果考虑货币的时间价值，那么它就是未来使用年限内现金流出总现值与年金现值系数的比值。

五、简答题

1．项目投资具有以下特点：

（1）投资数额大，投资次数少。项目投资一般需要较多的资金，小到几千元的设备，大到几十万、几百万、几千万甚至数亿元的建设项目，一般对企业现金流量和财务状况有很大的影响。项目投资发生的次数不太频繁，特别是大规模的项目投资，一般要几年、几十年才发生一次。

（2）回收时间长，变现能力差，资金占用相对稳定。一般的项目投资都需要几年、十几年甚至几十年才能收回。项目投资一旦完成，在资金营运数量上将保持相对稳定，不像流动资产那样经常变动，而且其实物营运能力也被确定。

（3）投资风险大。投资项目交付使用后的收益情况受企业内外部各种因素的制约，这些因素之间的相互关系又是错综复杂的，而且投资项目寿命长，影响企业盈亏的时间也长，因此在投资中无法对未来各因素的发展变化做出完全准确的预测，投资风险自然较大。

2．项目计算期是指投资项目从投资建设开始到最终清理结束整个过程的全部时间，即该项目的有效持续时间。完整的项目计算期包括建设期和生产经营期。

从时间特征上看，投资主体将原始总投资注入具体投资项目的方式包括一次投入和分次投入两种。一次投入方式是指投资行为集中一次发生在项目计算期第一个年度的年初或年末；如果投资行为涉及两个或两个以上年度，或者虽只涉及一个年度，但同时在该年的年初和年末发生，则属于分次投入方式。

3．原始总投资是反映投资项目所需现实资金的价值指标。从项目投资的角度看，原始总投资等于企业为使项目完全达到设计生产能力、开展正常经营而投入的全部现实资金。它包括建设投资和流动资金投资两项内容。其中建设投资包括固定资产投资、无形资产投资、开办费投资。流动资金投资是指为了项目投资而垫付的流动资金，也称营运资金，即流动资产减去流动负债的余额。

投资总额是反映项目投资总体规模的价值指标，它强调为投资项目而付出的全部代价。它等于原始总投资与建设期资本化利息之和。其中，建设期资本化利息是指在建设期发生的与构建项目所需的固定资产、无形资产等长期资产有关的借款利息费用。

4．现金流量是指由一个投资项目引起的、在项目计算期内所发生的现金支出与现金收入的数量，统称为现金流量。它是按照收付实现制计算的反映项目有关收入、支出及净收益的指标，是项目投资评估分析的基础性指标。

现金流量的内容有：①初始现金流量，即初始投资时发生的现金流量，一般包括固定资产投资、流动资金垫支、其他投资费用，包括伴随的无形资产投资、筹建费用和职工培训费用等，也应作为现金流出处理。②营业现金流量，是指投资项目的整个寿命期内正常生产经营活动所带来的现金流量，一般按年度分别可以确定，主要包括营业现金收入、营业现金支出、所得税。③终结现金流量，主要包括以下两项内容：固定资产残值的收回或中途变价收入；收回垫支的流动资金。

5．如果现金流入量大于现金流出量，现金净流量大于零，用“＋”表示现金净流量为流入量；如果现金流入量小于现金流出量，现金净流量小于零，用“－”表示现金净流量为流出量。现金净流量的计算公式：年现金净流量（NCF）＝该年现金流入量－该年现金流出量。

6．所得税是企业的一种现金流出，它的大小必然取决于企业利润的大小和税率的高低，而企业利润的大小受折旧方法的影响，因此，在讨论所得税问题时必然会涉及折旧问题。折旧对项目投资评估产生的影响，实际上是由于所得税的存在引起的。

六、业务题

1．答案：

（1）原始投资额＝500＋500＝1 000（万元）

（2）终结点净现金流量＝200＋100＝300（万元）

（3）静态投资回收期：不包括建设期的回收期（PP′）$=\frac{1\ 000}{200}=5$（年）

包括建设期的回收期（PP）＝2＋5＝7（年）

（4）净现值（NPV）＝200×（P/A,10%,10）×（P/F,10%,2）＋100×（P/F,10%,12）－500－500×（P/F,10%,1）＝92.95（万）

2．答案：

（1）更新设备比继续使用旧设备增加的投资额为：

105 000－25 000＝80 000（元）

(2) 经营期每年折旧额增加：$\frac{80\ 000}{5}=16\ 000$（元）

(3) 经营期每年总成本的变动额 =30 000 +16 000 =46 000（元）

(4) 经营期每年营业净利润变动额 =50 000 -46 000 =4 000（元）

(5) 经营期每年所得税的变动额 =4 000 ×30% =1 200（元）

(6) 经营期每年净利润的变动额 =4 000 -1 200 =2 800（元）

建设期差量净现金流量 $\Delta NCF_0=-80\ 000$

经营期差量净现金流量 $\Delta NCF_{1-5}=2\ 800+1\ 600=18\ 800$（元）

(7) 差量净现金流量的现值 = -80 000 +18 800 ×（P/A，10%，5）

= -10 933（元）

可见，不应更新设备。

3．答案：

根据题意，列表如下：

单位：万元

项目	原始投资	累计原始投资	净现值	累计净现值
甲	300	300	90	90
乙	200	500	70	160
丙	100	600	45	205
丁	100	700	28	233

(1) 当投资总额不受限制或限制大于、等于 700 万元时，上述所列投资组合方案最优。

(2) 当限制投资总额为 300 万元时，最优组合方案为甲 + 乙，此时净现值为 115 万元，大于乙 + 丙组合方案（净现值 98 万元）或甲方案（净现值 90 万元）；当限制投资总额为 500 万元时，最优组合方案为丁 + 甲 + 丙，此时净现值为 163 万元，大于乙 + 甲组合方案（净现值为 160 万元）。

4．答案：

(1) 计算该项目 A 方案的下列指标

①项目计算期 =2 +10 =12（年）

②固定资产原值 =500 +0 =500（万元）

③固定资产年折旧 $=\frac{500-40}{10}=46$（万元）

④无形资产投资额 =650 -500 -100 =50（万元）

⑤无形资产年摊销额 $=\frac{50}{10}=5$（万元）

⑥经营期每年总成本 =129 +46 +5 =180（万元）

⑦经营期每年营业净利润 = 380 - 180 = 200（万元）

⑧经营期每年净利润 = 200 ×（1 - 33%）= 134（万元）

（2）计算该项目 A 方案的下列净现金流量指标

①建设期各年的净现金流量

$NCF_0 = -(500 + 50) = -550$（万元）

$NCF_1 = 0$

$NCF_2 = -100$（万元）

②投产后 1 ~ 10 年每年的经营现金流量 = 134 + 46 + 5 = 185（万元）

③项目计算期期末回收额 = 40 + 100 = 140（万元）

④终结点净现金流量 = 185 + 140 = 325（万元）

（3）因为 A 方案的净现值指标为 +145 万元，大于零，所以，A 方案具有财务可行性。

（4）该项目 B 方案的净现值 = -700 + 161.04 × 5.216 21 ≈ 140（万元）

因为 B 方案的净现值为 140 万元，大于零，所以 B 方案具有财务可行性。

5．答案：

（1）净现值为零，即预期未来现金净流量的现值应等于原始投资流出的现值：

原始投资流出的现值为 1 045 822 元（900 000 + 145 822）

（2）未来收回的流动资金现值 = 145 822 ×（P/F，10%，5）

$$= 145\ 822 \times 0.620\ 9 = 90\ 541 \text{（元）}$$

（3）由于预期未来现金净流量的总现值 = 未来经济活动现金净流量的现值 + 未来收回的流动资金现值，

所以，未来经济活动现金净流量的现值 = 预期未来现金净流量的总现值 - 未来收回的流动资金现值 = 1 045 822 - 90 541 = 955 281（元）

（4）由于未来经济活动现金净流量的现值 = 每年经营阶段的现金净流量 ×（P/A，10%，5），

所以，每年经营阶段的现金净流量 $= \frac{955\ 281}{3.790\ 8} = 252\ 000$（元）

（5）由于每年经营阶段的现金净流量 = 每年税后利润 + 每年折旧，

所以，每年税后利润 = 每年经营阶段的现金净流量 - 每年折旧

$$= 252\ 000 - \frac{900\ 000}{5} = 72\ 000 \text{（元）}$$

（6）每年税前利润 $= \frac{\text{每年税后利润}}{1 - \text{所得税税率}} = \frac{72\ 000}{1 - 0.4} = 120\ 000$（元）

$$\text{销售量} = \frac{\text{固定成本} + \text{税前利润}}{\text{单价} - \text{单位变动成本}}$$

$$= \frac{500\ 000 + 180\ 000 + 120\ 000}{20 - 12} = 100\ 000 \text{（件）}$$

6. 答案：

各年现金流量如下图所示：

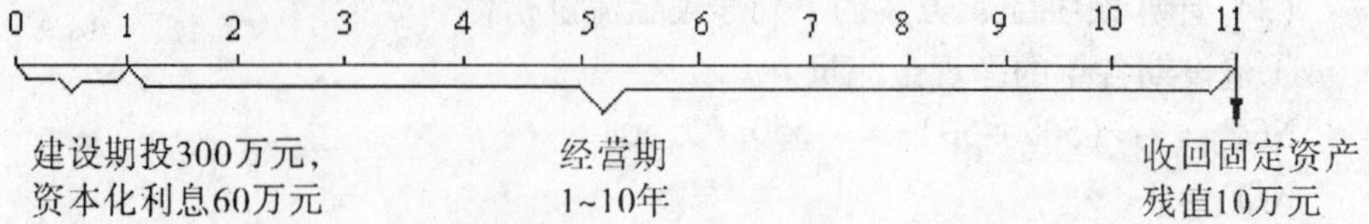

根据资料可计算有关指标如下：

固定资产原值＝固定资产投资＋建设期资本化利息＝300＋60＝360（万元）

项目计算期＝建设期＋生产经营期＝1＋10＝11（年）

终结点回收额＝回收固定资产余值＋回收流动资金＝10＋0＝10（万元）

建设期某年净现金流量＝－该年发生的固定资产原始投资额

$NCF_0 = -300$ 万元

$NCF_1 = 0+0+0+0+0=0$ 万元

经营期某年净现金流量＝该年(利润＋折旧＋摊销额＋利息费用＋回收额)

$NCF_{2-10} = 45+35+0+60+0=140$（万元）

$NCF_{11} = 45+35+0+60+10=140+10=150$（万元）

净现值(NPV)＝140×(P/A,10%,11－P/A,10%,1)＋10×P/F,10%,11－300＝140×(6.495 1－0.909 1)＋10×0.350 5－300＝505.62（万元）＞0，说明其具有财务可行性。

7. 答案：

（1）每年折旧额＝$\frac{15\ 500-500}{3}$＝5 000（元）

第一年税后利润＝20 000＋（10 000－4 000－5 000）×（1－40%）
＝20 600（元）

第二年税后利润＝20 000＋（20 000－12 000－5 000）×（1－40%）
＝21 800（元）

第三年税后利润＝20 000＋（15 000－5 000－5 000）×（1－40%）
＝23 000（元）

（2）第一年税后现金流量＝（20 600－20 000）＋5 000＝5 600（元）

第二年税后现金流量＝（21 800－20 000）＋5 000＝6 800（元）

第三年税后现金流量＝(23 000－20 000)＋5 000＋500＝8 500（元）

（注：20 000 元为企业原有其他项目的利润，不是新增加投资项目的利润，所以应扣除）

净现值＝5 600×0.909＋6 800×0.826＋8 500×0.751－15 500
＝1 590.7(元)

8．答案：

初始现金流量增加额 = −40 + 7.5 = −32.5（万元）

营业现金流量增加额：

旧设备折旧 = $\frac{7.5-0.75}{5}$ = 1.35（万元）

新设备折旧 = $\frac{40-0.75}{5}$ = 7.85（万元）

旧设备变现收益补税 =（7.5 − 5.5）×33% = 0.66（万元）

单位：万元

项目	更新前	更新后	差额
销售收入	150	165	15
经营付现成本	110	115	5
折旧费	1.35	7.85	6.5
税前利润	38.65	42.15	3.5
所得税	12.75	13.91	1.16
税后利润	25.9	28.24	2.34

ΔNCF_0 = −（40 − 7.5）= −32.5（万元）

ΔNCF_1 = 2.34 + 6.5 − 0.66 = 8.18（万元）

ΔNCF_{2-5} = 2.34 + 6.5 = 8.84（万元）

净现值 = 8.18 × P/F,10%,1 + 8.84 ×（P/A,10%,5 − P/A,10%,1）− 32.5

= 8.18 × 0.909 1 + 8.84 ×（3.790 8 − 0.909 1）− 32.5

= 0.41（万元）

因为净现值大于0，所以应该更新设备。

9．答案：

（1）该设备使用期内各年净现金流量测算

$NCF_{(0)}$ = −100（万元）

$NCF_{(1-4)}$ = 20 + $\frac{100-5}{5}$ = 39（万元）

$NCF_{(5)}$ = 20 + $\frac{100-5}{5}$ + 5 = 44（万元）

（2）静态投资回收期 = $\frac{100}{39}$ = 2.56（年）

（3）投资利润率 = $\frac{20}{100}$ × 100% = 20%

（4）净现值 = 39 × 3.790 8 + 100 × 5% × 0.620 9 − 100

= 147.841 2 + 3.104 5 − 100 = 50.95（万元）

第八章
证券投资

学习重点及难点

一、证券的种类

证券，是指用以证明或设定权利所做成的书面凭证，它表明证券持有人或第三者有权取得该证券所拥有的特定权益。它可按不同的标准进行分类：按照证券发行主体的不同，可分为政府证券、金融证券和公司证券；按照证券所体现的权益关系，可分为所有权证券和债权证券；按照证券收益的决定因素，可分为原生证券和衍生证券；按照证券收益稳定状况的不同，可分为固定收益证券和变动收益证券；按照证券到期日的长短，可分为短期证券和长期证券；按照募集方式的不同，可分为公募证券和私募证券。

二、股票投资的目的和特点

企业进行股票投资的目的主要有两种：一是获利，即作为一般的证券投资，获取股利收入及股票买卖差价；二是控股，即通过购买某一企业的大量股票达到控制该企业的目的。股票投资和债券投资都属于证券投资。证券投资与其他投资相比，总的来说都具有高风险、高收益、易于变现的特点。但股票投资相对于债券投资而言又具有以下特点：股票投资是权益性投资；股票投资的风险大；股票投资的收益率高；股票投资的收益不稳定；股票价格的波动性大。

三、债券投资的目的和特点

企业进行短期投资的目的主要是为了合理利用暂时闲置资金，调节现金余额，获得收益。当企业现金余额太多时，便投资于债券，使现金余额降低；反之，当现金余额太少时，则出售原来投资的债券，收回现金，使现金余额上升。企业进行长期债券投资的目的主要是为了获得稳定的收益。债券投资具有以下特点：①投资期限方面。不论长期债券投资，还是短期债券投资，都有到期日，债券到期应当收回本金，投资应考虑期限的影响。②权利与义务方面。从投资权利来说，在各种投资方式中，债券投资者的权利最小，无权参与被投资企业的经营管理，只有按约定取得利息、到期收回本金的权利。③收益与风险方面。债券投资收益通常是事前预定的，收益率通常不及股票高，但具有较强的稳定性，投资风险较小。

四、债券收益的来源及影响因素

投资债券的目的是到期收回本金的同时得到固定的利息。债券的投资收益包含两方面：一是债券的年利息收入，这是债券发行时就确定的。一般情况下，债券利息收入不会改变，投资者在购买债券前就可得知。二是资本利得，指债券买入价与卖出价或偿还额之间的差额。当债券卖出价大于买入价时，为资本收益；当卖出价小于买入价时，为资本损失。由于债券买卖价格受市场利率和供求关系等因素影响，资本利得很难在投资前准确预测。

衡量债券收益水平的尺度为债券收益率，即在一定时期内所得收益与投入本金的比率。为便于比较，债券收益一般以年率为计算单位。

决定债券收益率的主要因素，有债券的票面利率、期限、面值、持有时间、购买价格和出售价格。这些因素中只要有一个因素发生了变化，债券收益率也会随之发生变化。另外，债券的可赎回条款、税收待遇、流动性及违约风险等属性也会不同程度地影响债券的收益率。

五、股票收益的来源和影响因素

股票收益是指投资者从购入股票开始到出售股票为止整个持有期间的收入，这种收益由股息和资本利得两方面组成。股票收益主要取决于股份公司的经营业绩和股票市场的价格变化及公司的股利政策，但与投资者的经验与技巧也有一定关系。

六、证券投资组合的意义

证券投资的盈利性吸引了众多投资者，但证券投资的风险性又使许多投资者望而却步。如何才能有效地解决这一难题呢？科学地进行证券的投资组合就是一个比较好的方法。通过有效地进行证券投资组合，就能防范证券风险，并达到降低风险的目的。

七、系统性风险

系统性风险又称不可分散风险或市场风险。它是指由于某些因素给市场上所有证券带来的经济损失的可能性，如宏观经济状况的变化、国家税制的变化、国家财政政策和货币政策的变化、世界能源状况的改变等，都会使股票收益发生变动。这些风险影响到所有的证券，它不能通过证券组合分散掉。对投资者来说，这种风险是无法消除的，故称为不可分散风险。由于不同企业之间存在差异性，这种风险对不同的企业有着不同的影响。某企业不可分散风险的程度通常用β系数来计量。

练习题

一、单项选择题

1. 某公司股票的β系数为1.2，无风险收益率为5%，市场上所有股票的平均收益率为9%，则该公司股票的必要收益率应为（　　）。

A. 5%　　B. 9.8%

C. 10.5%　　D. 11.2%

2. 已知某证券的β系数等于1，则表明该证券（　　）。

A. 无风险

B. 有非常低的风险

C. 与金融市场所有证券平均风险一致

D. 比金融市场所有证券平均风险大1倍

3. 证券投资者购买证券时，可以接受的最高价格是（　　）。

A. 票面价格　　B. 到期价格

C. 市场价格　　D. 投资价值

4. 非系统风险是（　　）。

A. 归因于广泛的价格趋势和事件

B. 归因于某一投资企业特有的价格因素或事件

C. 不能通过投资组合予以分散

D. 通常以β系数进行衡量

5. 当两种证券完全正相关时，由此所形成的组合（　　）。

A. 能适当地分散风险

B. 不能分散风险

C. 证券组合风险小于单项证券风险的加权平均

D. 可分散掉全部风险

6. 在证券投资中，因通货膨胀带来的风险是（　　）。

A. 违约风险　　B. 利息率风险

C. 购买力风险　　D. 流动性风险

7. β系数可以衡量（　　）。

A. 个别公司股票的市场风险　　B. 个别公司股票的特有风险

C. 所有公司股票的市场风险　　D. 所有公司股票的特有风险

8. 某种股票为固定成长股票，年增长率为5%，预计一年后的股利为6元，现行国库券的收益率为11%，平均风险股票的必要收益率等于16%，而该股票的β系数为1.2，那么该股票的价值为（　　）元。

A. 50　　B. 33

C. 45　　D. 30

9. 某企业准备购入 A 股票，预计三年后出售可得 2 200 元，该股票三年中每年可获现金股利 200 元，预计报酬率为 10%。该股票价值为（　　）元。

A. 2 184. 67　　B. 3 078. 57

C. 2 552. 84　　D. 3 257. 68

10. 投资一笔国债，5 年期，平价发行，票面利率 12. 22%，单利计算，到期收回本金和利息，则该债券的投资收益率是（　　）。

A. 9%　　B. 11%

C. 10%　　D. 12%

11. 估算股票价值时的折现率，不能使用（　　）。

A. 股票市场的平均收益率

B. 债券收益率加适当的风险报酬率

C. 国债的利息率

D. 投资人要求的必要报酬率

12. 下列说法中正确的是（　　）。

A. 国库券没有利率风险

B. 公司债券只有违约风险

C. 国库券和公司债券均有违约风险

D. 国库券没有违约风险，但有利率风险

13. 某人以 40 元的价格购入一只股票，该股票目前的股利为每股 1 元，股利增长率为 2%，一年后以 50 元的价格出售，则该股票的投资收益率为（　　）。

A. 2%　　B. 20%

C. 21%　　D. 27. 55%

14. 按照投资基金能否回收，可分为（　　）基金。

A. 契约型和公司型　　B. 封闭型和开放型

C. 股权式和证券式　　D. 股权式和债券式

15. 如果投资组合由收益呈完全负相关的两只股票构成，则（　　）。

A. 该组合的非系统性风险能完全抵消

B. 该组合的风险收益为零

C. 该组合不能抵消任何非系统风险

D. 该组合的投资收益为 50%

16. 星光公司欲投资购买某上市公司股票，预计持有期限三年。该股票预计年股利额为 8 元/股，三年后市价可望涨至 80 元，企业报酬率为 10%，则该股票现在可以最多（　　）元购买。

A. 59　　B. 80

C. 75　　D. 86

17. 2011年2月，M公司购买某上市公司的股票，其购买价格为50元/股，2012年1月，M公司持有该股票获得现金股利为3元/股，2012年2月，M公司以60元/股的价格出售该股票，则该股票的投资收益率为（　　）。

A. 30%　　B. 25%

C. 26%　　D. 32%

18. 面值为60元的普通股票，预计年固定股利收入为6元，如果折现率为8%，那么，准备长期持有该股票的投资者所能接受的购买价格为（　　）元。

A. 60　　B. 75

C. 80　　D. 65

19. 按发行主体不同，证券可分为（　　）。

A. 短期证券和长期证券　　B. 固定收益证券和变动收益证券

C. 所有权证券和债券证券　　D. 政府证券、金融债券和公司债券

20. 下列证券中，能够更好地避免证券投资购买风险的是（　　）。

A. 普通股　　B. 优先股

C. 公司债券　　D. 国库券

21. 当股票投资期望收益率等于无风险投资收益率时，β系数应（　　）。

A. 大于1　　B. 等于1

C. 小于1　　D. 等于0

22. 一般认为，企业进行长期债券投资的主要目的是（　　）。

A. 控制被投资企业　　B. 调剂现金余额

C. 获得稳定收益　　D. 增强资产流动性

二、多项选择题

1. 按照资本资产定价模型，确定特定股票必要收益率所应考虑的因素有（　　）。

A. 无风险收益率　　B. 公司股票的特有风险

C. 特定股票的β系数　　D. 所有股票的平均收益率

2. 国债投资的优点主要有（　　）。

A. 本金安全性高　　B. 收入稳定性强

C. 投资收益较高　　D. 市场流动性好

3. 债券到期收益率是（　　）。

A. 评价债券收益水平的指标之一

B. 指购进债券后，一直持有该债券至到期日可获取的收益率

C. 按复利计算的收益率
D. 能使未来现金流入价值等于债券买入价格的贴现率

4. 下列表述中正确的是（　　）。
A. 平价发行的债券，其到期收益率等于票面利率
B. 如果买价和面值不等，则债券的到期收益率和票面利率不同
C. 如果债券到期收益率高于投资人要求的报酬率，则应买进
D. 只凭债券到期收益率不能指导选购债券，还应将其与债券价值指标结合

5. 股票投资的缺点有（　　）。
A. 购买力风险大　B. 求偿权居后
C. 价格不稳定　D. 收入稳定性差

6. 等量资本投资，当两种股票完全正相关时，把这两种股票合理地组合在一起，下列表述中不正确的有（　　）。
A. 能适当分散风险　B. 不能分散风险
C. 能分散一部分风险　D. 能分散全部风险

7. 影响债券价值的因素有（　　）。
A. 每期利息　B. 到期本金
C. 公司债务比重　D. 贴现率

8. 在财务管理中，衡量风险大小的指标有（　　）。
A. 标准差　B. 标准离差率
C. β 系数　D. 期望报酬率

9. 股票投资与债券投资相比的特点有（　　）。
A. 风险大　B. 易变现
C. 价格易变动　D. 能适当降低购买力风险

10. 进行债券投资时应考虑的因素有（　　）。
A. 债券的信用等级
B. 变现能力
C. 债券的收益率
D. 债券利率是否随市场利率变化而变化

11. 投资基金的特点是（　　）。
A. 具有专家理财优势　B. 能获得很高的投资效益
C. 资金规模较大　D. 无风险

12. 债券投资与股票投资相比（　　）。
A. 收益稳定性强，收益较高　B. 投资风险较小
C. 购买力风险小　D. 没有经营控制权

13. 企业进行股票投资的主要目的包括（　　）。

A．获取稳定收益

B．为了获得股利收入及股票买卖价差

C．取得对被投资企业的控股权

D．为配合长期资金的使用，调节现金余额

14．下列会影响债券的投资收益率的因素有（　　）。

A．票面价值和票面利率　　B．市场利率

C．持有期限　　D．购买价格

15．下列情况引起的风险属于可分散风险的有（　　）。

A．银行调整利率水平　　B．公司劳资关系紧张

C．公司诉讼失败　　D．市场呈现疲软现象

16．与股票内在价值呈反方向变化的因素有（　　）。

A．股利年增长率　　B．年股利

C．预期的报酬率　　D．β系数

17．下列证券中，属于固定收益证券的是（　　）。

A．公司债券　　B．金融债券

C．优先股股票　　D．普通股股票

18．下列情况会引起证券价格下跌的有（　　）。

A．银行利率上升　　B．通货膨胀持续降低

C．银行利率下降　　D．通货膨胀持续增长

19．下列有关证券投资风险的表述中，正确的有（　　）。

A．证券投资组合的风险有公司特别风险和市场风险两种

B．公司特别风险是不可分散的

C．股票的市场风险不能通过证券投资组合加以消除

D．当投资组合中的股票的种类特别多时，非系统性风险几乎可以全部分散掉

20．证券投资的收益包括（　　）。

A．资本利得　　B．股利

C．出售价格　　D．债券利息

21．与股票投资相比，债券投资的主要缺点有（　　）。

A．购买力风险大　　B．流动性风险大

C．没有经营管理权　　D．投资收益不稳定

三、判断题

1．投资者可以根据投资经济价值与当前证券市场价格的比较决定是否进行证券投资。（　　）

2．变动收益证券比固定收益证券风险要小、报酬要高。（　　）

3．β系数反映个别股票相对于平均风险股票的变动程度，它可以衡量个

别股票的市场风险。（　　）

4. 股票投资的市场风险是无法避免的，不能用多元化投资来回避，而只能靠更高的报酬率来补偿。（　　）

5. 证券组合投资所需要补偿的风险只是系统性风险。（　　）

6. 股票的价值是指预期未来现金流入的现值，也叫股票的内在价值。（　　）

7. 一般来讲，债券的价格随市场利率的上升而上升。（　　）

8. 对债券投资收益进行评价时，票面利率不能作为评价债券收益的标准。（　　）

9. 国库券的利率是固定的，并且没有违约风险，因此也就没有利率风险。（　　）

10. 与股权式投资基金相比，证券投资基金的流动性和变现能力较强，可以采用开放型投资基金。（　　）

11. 一种 8 年期的债券，票面利率为 10%；另一种 3 年期的债券，票面利率亦为 10%。两种债券的其他方面没有区别。在市场利息率急剧上涨时，前一种债券价格下跌得更快。（　　）

12. 可分散风险通常可以用 β 系数来衡量。（　　）

13. 两种完全正相关的股票组成的证券组合，不能抵消任何风险。（　　）

14. 投资于长期、短期债券均需承担期限性风险。（　　）

15. 从统计学上可以证明，几种商品的利润率和风险是独立的或是不完全相关的。在这种情况下，企业的总利润率的风险并不能因多种经营而降低。（　　）

16. 一个行业竞争程度越高，投资该行业证券的风险就越大。（　　）

四、名词解释

债券投资　股票投资　违约风险　利息率风险　贴现债券
到期收益率　非系统性风险　系统性风险

五、简答题

1. 证券投资的种类有哪些？
2. 证券投资的目的和基本原则是什么？
3. 债券的价值和投资收益率如何计算？
4. 债券投资的风险因素有哪些？
5. 股票的价值和投资收益率如何计算？
6. 股票投资组合的收益率如何计算？

六、业务题

1. 某企业的普通股，基年股利为 5 元，估计年股利增长率为 5%，期望收益率为 12%，预计两年后转让时价格为 30 元。

计算：该普通股的价格。

2. 某股票为固定成长股，其成长率为 2%，预计第一年后的股利为 4 元，假定目前国库券的收益率为 8%，平均风险股票的必要收益率为 16%，该股票的 β 系数为 1.2，目前的市价为 24 元。

请回答：应否购买该股票?

3. 某公司在 2007 年 1 月 1 日平价发行债券，每张面值为 1 500 元，票面利率为 10%，5 年后到期，每年 12 月 31 日付息。

请回答：

(1) 假定 2011 年 1 月 1 日的市场利率下降到 7%，那么此时该债券的价值是多少?

(2) 假定 2011 年 1 月 1 日的市价为 1 375 元，若此时购买该债券，到期收益率是多少?

(3) 假定 2009 年 1 月 1 日的市场利率为 12%，债券市价为 1 425 元，你是否会购买该债券?

(4) 该债券 2012 年 1 月 1 日的到期收益率为多少?

4. 某公司发行一种债券，面值为 1 000 元，票面利率为 12%，期限 3 年，当前市场利率为 10%。

请回答：该种债券价格为多少时才适合购买?

5. A 公司发行的股票，每股股利上年为 3 元，预计以后每年以 3% 的增长率增长。B 公司经分析后，认为必须得到 12% 的报酬率，才能对 A 公司的股票进行投资。

请回答：该种股票价格为多少时才适合购买?

6. 甲公司持有由 ABCD 四种股票构成的证券组合，它们的 β 系数分别是 2.0、1.5、1 和 0.5，它们在证券组合中所占比重分别是 40%、20%、15%、25%，股票的市场收益率是 15%，无风险收益率是 10%。

要求：

(1) 计算该证券组合的 β 系数；

(2) 计算该证券组合的风险收益率；

(3) 计算该证券组合的必要投资收益率。

7. A 公司 2007 年 2 月 1 日以 1 105 元购买一张面额为 1 000 元的债券，票面利率为 8%，每年 2 月 1 日计算并支付一次利息，5 年后的 1 月 31 日到期。

要求：计算其到期收益率。

8. 现行国库券收益率为 8%，平均风险股票的必要收益率为 10%，A 股票的 β 系数为 1.5。

试计算：A 股票的风险收益率和必要收益率。

9. 某投资者 2012 年准备投资购买股票，现有 A、B 两家公司可供选择。从 A、B 公司 2011 年 12 月 31 日的有关会计报表及补充资料中获知，2011 年 A 公司发放的每股股利为 5 元，股票每股市价为 40 元；2011 年 B 公司发放的每股股利为 2 元，股票每股市价为 20 元。预计 A 公司未来 5 年内股利恒定，在此以后转为正常增长，增长率为 6%。预计 B 公司股利将持续增长，年增长率为 4%。假定目前无风险收益率为 8%，市场上所有股票的平均收益率为 12%，A 公司的 β 系数为 2，B 公司的 β 系数为 1.5。

要求：

（1）通过计算股票价值并与股票市价相比较，判断两公司股票是否应当购买；

（2）若投资购买两种股票各 100 股，该投资组合的预期收益率为多少？

（3）计算该投资组合的综合 β 系数。

10. X 企业于 2011 年 1 月 5 日以每张 1 050 元的价格购买 Y 企业发行的利随本清的企业债券。该债券的面值为 1 000 元，期限为 3 年，票面年利率为 10%，不计复利。购买时市场年利率为 8%。不考虑所得税。

要求：

（1）利用债券估价模型评价 X 企业购买该债券是否合算？

（2）如果 X 企业于 2012 年 1 月 5 日将该债券以 1 150 元的市价出售，计算该债券的投资收益率。

11. 甲企业计划利用一笔长期资金投资购买股票。现有 M 公司股票和 N 公司股票可供选择，甲企业只准备投资一家公司股票。已知 M 公司股票现行市价为每股 9 元，上年每股股利为 0.15 元，预计以后每年以 6% 的增长率增长。N 公司股票现行市价为每股 7 元，上年每股股利为 0.60 元，股利分配将一贯坚持固定股利政策。甲企业所要求的投资必要报酬率为 8%。

要求：

（1）利用股票估价模型，分别计算 M、N 公司的股票价值；

（2）帮助甲企业做出股票投资决策。

参考答案

一、单项选择题

1. B　2. C　3. D　4. B　5. B　6. C　7. A　8. A　9. A
10. C　11. C　12. D　13. D　14. B　15. A　16. B　17. C　18. B
19. D　20. A　21. D　22. C

二、多项选择题

1. ACD　2. ABD　3. ABCD　4. BC　5. BCD
6. ACD　7. ABD　8. ABC　9. ABCD　10. ABCD
11. AC　12. BD　13. BC　14. ACD　15. BC
16. CD　17. ABC　18. AD　19. ACD　20. ABD
21. AC

三、判断题

1.√　2. ×　3.√　4.√　5.√　6.√　7. ×　8.√　9. ×
10.√　11.√　12. ×　13.√　14.√　15. ×　16.√

四、名词解释

债券投资：是指企业将资金投向各种各样的债券。如企业购买国库券、公司债券和短期融资券等都属于债券投资。

股票投资：是指企业将资金投向其他企业所发行的股票。如将资金投向优先股、普通股都属于股票投资。

违约风险：是指证券发行人无法按期支付利息或偿还本金，从而给债权人造成的风险。

利息率风险：由于利息率的变动而引起证券价格波动，致使投资人遭受损失的风险。

贴现债券：又称贴水债券，是指以低于面值发行、发行价与票面金额之差额相当于预先支付的利息、债券期满时按面值偿付的债券。

到期收益率：又称最终收益率，一般的债券到期都按面值偿还本金，所以，随着到期日的临近，债券的市场价格会越来越接近面值。

非系统性风险：又叫公司特别风险，是指某些因素对单个证券造成经济损失的可能性，如罢工、诉讼失败、公司在市场竞争中失败等。这种风险，可通过证券持有的多样化来抵消，即多买几家公司的股票，其中某些股票收益上升，另一些股票的收益下降，从而有效地抵消了风险。

系统性风险：又称不可分散风险或市场风险，是指由于某些因素给市场上所有证券带来的经济损失的可能性。如宏观经济状况的变化、国家税制的变化、国家财政政策和货币政策的变化、世界能源状况的改变等，都会使股票收益发生变动。这些风险影响到所有的证券，它不能通过证券组合分散掉。对投资者来说，这种风险是无法消除的，故称为不可分散风险。

五、简答题

1. 证券投资的种类有：债券投资、股票投资、基金投资、期货投资、期权投资、证券组合投资。

2. 证券投资的目的是：①暂时存放闲置资金。证券投资在多数情况下都是出于预防的动机，以替代较大量的非盈利的现金余额。②满足季节性经营对现金的需求。从事季节性经营的公司在资金有剩余的时候可以投资证券，而在资金短缺的季节可以将证券变现，以补充资金。③获得对目标企业的控制权。通过购入目标企业的股票可实现对该企业的控制。④与筹集长期资金相配合。处于成长期或扩张期的公司一般每隔一段时间就会发行长期证券，所获得的资金往往不会一次用完，企业可将暂时闲置的资金投资于有价证券，以获得一定的收益。⑤满足未来的财务需求。企业根据未来对资金的需求，可以将现金投资于期限和流动性较为恰当的证券，在满足未来需求的同时获得证券带来的收益。

证券投资的基本原则：①安全性。保证投资安全是企业在证券投资时必须考虑的因素。投资安全，即投入资金能安全收回。投资企业应考虑投资风险的可能性，进行风险分析，同时考虑实现投资风险与投资收益的匹配，寻找投资风险产生的原因并提出规避风险的方法，尽可能控制投资风险。②流动性。企业在投资证券时，也要注意保持一定的资产流动性和变现能力。当企业需要支付大量现金而现金储备不足时，可以通过变卖有价证券而迅速获得大量现金，保证企业按时支付和生产经营顺利进行。③盈利性。这是投资人最关心的问题，也是首先要考虑的因素。企业投资决策时要结合企业的投资目的，选择投资收益与投资风险相称的投资方案，在遵循以上原则的基础上力求使投资收益最大化。

3. 债券的价值是指债券未来现金流入的现值，也叫债券的内在价值，即债券的价值就是债券按票面利率计算的利息现值与到期归还本金的现值之和。可以分两种情况来考虑：①一次还本付息债券价值的计算。一次还本付息债券是指到期时一次性收到本金和按单利计算的利息之和，平时没有现金流入的债券。债券价值 =（面值 + 到期利息）×复利现值系数。②分期付息、到期还本债券价值的计算。分期付息到期还本债券是指到期时一次性收到本金，平时按期收到利息的债券。债券价值 = 利息 ×年金现值系数 + 面值 ×复利现值系数。

债券投资收益率是指按复利计算的收益率，它是能使未来现金流入现值等于债券购入价格的贴现率。其基本计算公式为：$P_0 = I(P/A, k, n) + M(P/F, k, n)$。公式中 k 代表债券投资的收益率；$P_0$ 代表债券的购买价格；I 代表每年获得的固定利息；F 代表债券到期收回的本金或中途出售收回的资金；n 代表投资期限。

4. 债券投资的风险因素有：①违约风险。违约风险是指债券发行人无法按期偿还债券利息和本金的风险。②利率风险。利率风险是指由于市场利率的变动而使债券持有人发生损失的风险。③购买力风险。购买力风险是指由于通货膨胀而使货币购买力下降的风险。④变现力风险。变现力风险是指投资者无法在短期内以合理的价格变卖掉债券的风险。⑤再投资风险。再投资风险是指由于企业购买了短期债券，在债券到期时，由于市场利率下降，找不到获利较高的投资机会而产生的风险。

5. 股票的价值是指预期的未来现金流入的现值。它既可以是内在价值、真实价值，也可以是理论价值。股票的未来现金流入包括两部分：每期预期股利和出售时得到的价格收入。

其投资收益率的计算，可以分为三种情况来考虑：①非永久持有且股利不固定的股票价值的计算。当投资者不是永久持有而且股利不固定时，对于投资人而言所获得的现金流入包括两部分，即持有期内每一期的股利收入和出售时的价格收入。那么，股票的价值即为这两部分收入的现值之和。②永久持有且未来股利固定不变的（一般为优先股）股票价值的计算。股票价值的计算公式为：$V=D/K$。③长期持有且未来股利固定增长的股票价值的计算。若假设投资股票的股利以固定的速度增长，年增长率为 g，根据①可以得出股票的价值计算过程为：$V=D_1/(K-g)=D_0(1+g)/(K-g)$。

6. 股票投资组合的收益率可以用下列公式计算：$R_p=R_F+\beta_p\cdot(R_M-R_F)$。式中，$R_p$ 为股票投资组合的风险收益率；β_p 为股票投资组合的风险系数；R_M 为所有股票的平均收益率；R_F 为无风险收益率，一般用国库券的收益率来衡量。

六、业务题

1. 答案：

$$P=\frac{5\times(1+5\%)}{1+12\%}+\frac{5\times(1+5\%)^2}{(1+12\%)^2}+\frac{30}{(1+12\%)^2}=23.91\text{（元）}$$

该普通股的价格约为 23.91 元。

2. 答案：

该股票的必要报酬率 $K_i=8\%+1.2\times(16\%-8\%)=17.6\%$

股票价值 $V=\frac{4}{17.6\%-2\%}=25.64$（元）>24 元，应该购入该股票。

3. 答案：

（1）2011 年该债券的价值 $=\frac{1\,500\times10\%}{1+7\%}+\frac{150}{1+7\%}=1\,542$（元）

（2）$\because 1\,375=\frac{1\,500\times10\%}{1+i}+\frac{1\,500}{1+i}$

$\therefore i=20\%$

（3）债券价值 $=150\times(P/A,12\%,3)+1\,500\times(P/F,12\%,3)$

$=150\times2.401\,8+1\,500\times0.711\,8$

$=1\,428$（元）

1 428 元 >1 425 元，应该购买该债券。

(4) 平价购入且每年付息一次的债券，到期收益率与票面利率相等，为10%。

4. 答案：

解答本题应掌握一般情况下债券的估价模型。

公式为：$P=\sum_{t=1}^{n}\frac{i\times F}{(1+K)^t}+\frac{F}{(1+K)^n}$

由题意知：期限 n = 3 年，面值 F = 1 000 元，票面利率 i = 12%，市场利率 k = 10%

$P=\sum_{t=1}^{3}\frac{12\%\times 1\,000}{(1+10\%)^t}+\frac{1\,000}{(1+10\%)^3}=1\,049.73$ 元

所以，当该种债券的市价低于1 049.73元时，投资者才应购买。

5. 答案：

本题属于企业打算长期持有股票，计算股利固定增长的情况。

股票价值：$V=\frac{d_0\times(1+g)}{K-g}$

由题意知：上年股利 d_0 = 3 元，股利增长率 g = 3%，期望的股票收益率 k = 12%，则：

$V=\frac{3\times(1+3\%)}{12\%-3\%}\approx 34.33$

所以，当A公司的股票价格低于34.33元时，才能进行投资。

6. 答案：

(1) 该证券组合的β系数为：

$\beta=2.0\times 40\%+1.5\times 20\%+1\times 15\%+0.5\times 25\%=1.375$

(2) 该证券组合的风险收益率为：

$R_P=1.375\times(15\%-10\%)=6.875\%$

(3) 该证券组合的必要投资收益率为：

$K=10\%+6.875\%=16.875\%$

7. 答案：

把购买债券的到期收益率看成项目投资的内含报酬率，在本题中：

$NCF_0=-1\,105$ 元

$NCF_{1-4}=-80$ 元

$NCF_5=1\,180$ 元

根据内含报酬率的定义有：1 105 = 80 × (P/A, i, 5) + 1 000 × (P/F, i, 5)

由于该债券是溢价购入，所以其到期收益率肯定小于票面利率。

设定 $i_1=4\%$，则：

80 × (P/A, 4%, 5) + 1 000 × (P/F, 4%, 5) = 1 178.16 元 > 1 105 元

再设定 $i_2=6\%$，则：

$80\times(P/A,4\%,5)+1\,000\times(P/F,4\%,5)=1\,083.96$ 元 $<1\,105$ 元

用内插法：

$$R=4\%+\frac{1\,178.16-1\,105}{1\,178.16-1\,083.96}\times(6\%-4\%)=5.55\%$$

8. 答案：

根据资本资产定价模式：

$K_i=R_F+\beta_i\times(K_m-R_F)$

无风险收益率 R_F 为 8%，$\beta_i=1.5$，平均股票的必要收益率为 10%，

A 股票的风险收益率为 $1.5\times(10\%-8\%)=3\%$

而该股票的必要收益率 $K_i=8\%+3\%=11\%$

9. 答案：

（1）利用资本资产定价模型计算 A、B 公司的必要收益率：

A 公司 $K_i=8\%+2\times(12\%-8\%)=16\%$

B 公司 $K_i=8\%+1.5\times(12\%-8\%)=14\%$

利用固定成长股票及非固定成长股票的模型公式：

$$\text{A 公司的股票价值}=5\times(P/A,16\%,5)+\frac{5\times(1+6\%)}{16\%-6\%}\times(P/F,16\%,5)$$

$$=5\times3.274+53\times0.476=41.598\text{（元）}$$

$$\text{B 公司的股票价值}=\frac{2\times(1+4\%)}{14\%-4\%}=20.8\text{（元）}$$

由于 A、B 公司的股票价值大于其市价，所以应该购买。

$$\text{（2）证券组合收益率}=\frac{100\times40}{100\times40+100\times20}\times16\%+\frac{100\times20}{100\times40+100\times20}\times14\%$$

$$=15.34\%$$

$$\text{（3）综合 }\beta\text{ 系数}=\frac{100\times40}{100\times40+100\times20}\times2+\frac{100\times20}{100\times40+100\times20}\times1.5=1.83$$

10. 答案：

（1）债券估价

$$P=\frac{1\,000+1\,000\times10\%\times3}{(1+8\%)^3}=1\,031.98\text{（元）}$$

由于其投资价值（1 031.98 元）小于购买价格（1 050 元），故不应购买该债券。

（2）计算债券投资收益率

$$K=\frac{1\,150-1\,050}{1\,050}\times100\%=9.52\%$$

11. 答案：

（1）计算 M、N 公司的股票价值：

M公司股票价值（V_m）$=\frac{D_1}{K-g}=\frac{0.15\times(1+6\%)}{8\%-6\%}=7.95$（元）

N公司股票价值（V_n）$=\frac{D}{K}=\frac{0.60}{8\%}=7.50$（元）

（2）分析与决策：由于M公司股票现行市价为9元，高于其投资价值7.95元，故M公司股票目前不宜投资购买。N公司股票现行市价为7元，低于其投资价值7.50元，故N公司股票值得购买，甲企业应购买N公司股票。

第九章 流动资产管理

学习重点及难点

一、流动资产的特点

流动资产投资又称经营性投资。其与固定资产投资相比，有如下特点：投资回收期短、流动性强、具有并存性、具有波动性。

二、营运资金的周转

营运资金周转，是指企业的营运资金从现金投入生产经营开始，到最终转化为现金为止的过程。营运资金周转通常与现金周转密切相关。现金的周转主要包括以下三个方面：①存货周转期，是指将原材料转化成产成品并出售所需要的时间；②应收账款周转期，是指将应收账款转换为现金所需要的时间；③应付账款周转期，是指从收到尚未付款的材料开始到现金支出之间所用的时间。

三、现金管理的意义

现金，是指在生产过程中暂时停留在货币形态的资金，包括库存现金、银行存款、银行本票和银行汇票等。企业持有一定数量的现金主要是基于交易动机、预防动机和投机动机。现金是变现能力最强的非盈利性资产。现金管理的过程就是在现金的流动性与收益性之间进行权衡选择的过程。通过现金管理，使现金收支不但在数量上而且在时间上相互衔接，对于保证企业经营活动的现金需要，降低企业闲置的现金数量，提高资金收益率具有重要意义。

四、现金的成本

企业持有现金的成本通常由以下三个部分组成：①持有成本。现金的持有成本，是指企业因保留一定现金余额而增加的管理费及丧失的再投资收益。②转换成本。现金的转换成本，是指企业用现金购入有价证券以及转让有价证券换取现金时付出的交易费用，即现金同有价证券之间相互转换的成本，如委托买卖佣金、委托手续费、证券过户费、实物交割手续费等。③短缺成本。现金的短缺成本，是指在现金持有量不足而又无法及时通过有价证券变现加以补充从而给企业造成的损失，包括直接损失与间接损失。现金的短缺成本与现金持有量呈反方向变动。

五、应收账款的成本

应收账款的成本包括：

（1）机会成本。即因资金投放在应收账款上而丧失的其他收入。这一成本的大小通常与企业维持赊销业务所需要的资金数量（即应收账款投资额）、资本成本率有关。应收账款机会成本可通过以下公式计算得出：

应收账款机会成本 = 赊销业务所需资金 × 资本成本率

赊销业务所需资金 = 应收账款平均余额 × 变动成本率

应收账款平均余额 = 平均每日赊销额 × 平均收账天数

式中，平均收账天数一般按客户各自赊销额占总赊销额比重为权数的所有客户收账天数的加权平均数计算；资本成本率一般可按有价证券利息率计算。

（2）管理成本。即对应收账款进行日常管理而耗费的开支，主要包括对客户的资信调查费用、应收账款账簿记录费用、收账费用等。

（3）坏账成本。即因应收账款无法收回而给企业带来的损失。这一成本一般与应收账款数量同方向变动，即应收账款越多，坏账成本也越多。基于此，为规避发生坏账成本给企业生产经营活动的稳定性带来不利影响，企业应合理提取坏账准备。

六、存货的成本

存货成本主要包括以下内容：

（1）进货成本，主要由存货的进价和进货费用构成。其中，进价又称购置成本，是指存货本身的价值，等于采购单价与采购数量的乘积。在一定时期进货总量既定的条件下，无论企业采购次数如何变动，存货的进价通常是保持相对稳定的（假设物价不变且无采购数量折扣），因而属于决策无关成本。进货费用又称订货成本，是指企业为组织进货而付出的费用。进货费用有一部分与订货次数有关，这类变动性进货费用属于决策的相关成本；另一部分与订货次数无关，这类固定性进货费用则属于决策的无关成本。

（2）储存成本，即企业为持有存货而发生的费用。储存成本可以按照与储存数额的关系，分为变动性储存成本和固定性储存成本两类。其中，固定性储存成本与存货储存数额的多少没有直接联系，这类成本属于决策的无关成本；而变动性储存成本则与存货储存数额成正比例变动关系，这类成本属于决策的相关成本。

(3) 缺货成本，是指因存货不足而给企业造成的停产损失、延误发货的信誉损失及丧失销售机会的损失等。缺货成本能否作为决策的相关成本，应视企业是否允许出现存货短缺的不同情形而定。若允许缺货，则缺货成本便与存货数量反向相关，即属于决策相关成本；反之，若企业不允许发生缺货情形，此时缺货成本为零，也就无需加以考虑。

七、存货经济进货批量基本模型

经济进货批量，是指能够使一定时期存货的总成本达到最低点的进货数量。决定存货经济进货批量的成本因素主要包括变动性进货费用（简称进货费用）、变动性储存成本（简称储存成本），以及允许缺货时的缺货成本。不同的成本项目与进货批量呈现不同的变动关系，因此存在一个最佳的进货批量，使成本总和保持最低水平。

经济进货批量基本模型，是以许多假设为前提的，包括不允许出现缺货情形，故不存在缺货成本。此时与存货订购批量、批次直接相关的就只有进货费用和储存成本两项。这样，变动性进货费用与变动性储存成本总和最低水平下的进货批量，就是经济进货批量。

练习题

一、单项选择题

1. 某企业现金收支状况比较稳定，全年的现金需要量为 300 000 元，每次转换有价证券的固定成本为 600 元，有价证券的年利率为 10%，则全年固定性转换成本是（　　）元。

A. 1 000　　B. 2 000

C. 3 000　　D. 4 000

2. 在企业现金未来需要量和现金流量不可知的情况下，预测最佳现金持有量应采用（　　）。

A. 成本分析模式　　B. 随机模式

C. 存货模式　　D. 资本资产定价模式

3. 在下列现金持有方案中，（　　）方案为最佳。

A. 机会成本 3 000 元，管理成本 2 000 元，短缺成本 12 000 元

B. 机会成本 6 000 元，管理成本 2 000 元，短缺成本 6 750 元

C. 机会成本 9 000 元，管理成本 2 000 元，短缺成本 2 800 元

D. 机会成本 12 000 元，管理成本 2 000 元，短缺成本 500 元

4. 下列措施中，不属于提高现金使用效率的措施是（　　）。

A. 加速收款　　B. 使用现金浮游量

C. 推迟付款　　D. 合理确定最佳现金持有量

5. 为满足投机性需要而持有过多的现金——使用这种方式较多的是(　　)。

A. 金融和投资公司　　B. 生产加工企业

C. 外贸企业　　D. 商业企业

6. 企业现金管理的目的，就是在资产的(　　)之间做出抉择，以获取最大的长期利润。

A. 流动性和投资性　　B. 流动性和预防性

C. 流动性和盈利性　　D. 交易性和盈利性

7. 企业由于现金持有量不足造成信用危机而给企业带来的损失，属于现金的(　　)。

A. 机会成本　　B. 短缺成本

C. 资本成本　　D. 管理成本

8. 所谓最佳现金持有量就是使现金的机会成本、管理成本和短缺成本(　　)的现金持有量。

A. 之和最大　　B. 之和为零

C. 之和最小　　D. 前两项最小，最后一项为零

9. 某企业规定的信用条件是“3/10，1/20，n/30”，客户从该企业购入原价为 10 000 元的原材料，并于第 18 天付款，则该客户实际支付的货款为(　　)。

A. 7 700 元　　B. 9 900 元

C. 1 000 元　　D. 9 000 元

10. (　　)是决定是否给予客户信用的首要因素。

A. 资本　　B. 抵押品

C. 信用品质　　D. 偿付能力

11. 企业在进行应收账款管理时，除了要合理确定信用标准和信用条件外，还要合理确定(　　)。

A. 现金折扣期限　　B. 现金折扣率

C. 信用期限　　D. 收账政策

12. 某企业预测的年赊销额为 1 200 万元，应收账款平均收账期为 30 天，变动成本率为 60%，资本成本率 10%，则应收账款的机会成本为(　　)万元。

A. 10　　B. 6

C. 5　　D. 9

13. 某企业目前的信用条件是“n/30”，赊销额为 3 600 万元，预计将信用期延长为“n/60”，预计赊销额将变为 5 400 万元。若该企业变动成本率为 60%，资本成本率为 12%，该企业维持赊销业务所需资金的变化为(　　)。

A. 增加3 600万元　　B. 增加360万元

C. 增加43.2万元　　D. 增加36万元

14. 设定信用标准的“5C”系统中，资本是指（　　）。

A. 顾客的经济实力和财务状况，是顾客偿付债务的最终保证

B. 影响顾客付款能力的经济环境

C. 顾客拒付款项或无力支付款项时能被用作抵押的资产

D. 企业流动资产的数量和质量以及与流动负债的比例

15. 在其他因素不变的情况下，企业采用积极的收账政策，可能导致的后果是（　　）。

A. 坏账损失增加　　B. 应收账款投资增加

C. 收账费用增加　　D. 平均收账期延长

16. 下列各项中，不属于应收账款成本构成要素的是（　　）。

A. 机会成本　　B. 管理成本

C. 坏账成本　　D. 短缺成本

17. 信用条件为“2/20，n/45”时，预计有60%的客户选择现金折扣优惠，则平均收账期为（　　）天。

A. 20　　B. 45

C. 32　　D. 30

18.（　　）就是在增加的收账费用与减少的坏账损失、减少的机会成本之间进行权衡。

A. 确定信用标准　　B. 选择信用条件

C. 制定收账政策　　D. 5C评估法

19. 下列有关信用期限的说法正确的是（　　）。

A. 信用期限越长，赊销企业坏账风险越小

B. 信用期限越长，赊购企业享受的信用条件越优惠

C. 延长信用期限不利于销售收入扩大

D. 信用期限越长，应收账款的机会成本越低

20. 在赊销业务中，企业允许的顾客从购货到付款的间隔时间叫作（　　）。

A. 信用条件　　B. 折扣期限

C. 付款时间　　D. 信用期间

21. 下列不属于存货的储存变动成本的是（　　）。

A. 存货资金的应计利息　　B. 替代材料紧急购入的额外成本

C. 存货的残损和变质损失　　D. 存货的保险费

22. 经济进货批量基本模型的假设条件不包括（　　）。

A. 所需存货市场供应充足　　B. 存货的价格稳定

C. 允许陆续到货　　D. 能够及时补充存货

23. 在对存货采用 ABC 法进行控制时应重点控制的是（　　）。

A. 价格昂贵的存货　　B. 数量大的存货

C. 占用资金多的存货　　D. 品种多的存货

24. 存货 ABC 分类控制法中对存货进行划分的最基本的分类标准为（　　）。

A. 金额标准　　B. 品种数量标准

C. 重量标准　　D. 金额与数量标准

25. 存货的经济批量既要满足生产经营需要，又要使（　　）。

A. 进货费用和存货的机会成本之和最低

B. 进货费用和存货资金占用费相等

C. 进货费用和储存成本之和最低

D. 进货费用和储存成本相等

二、多项选择题

1. 为了提高现金使用效率，企业应当（　　）。

A. 力争现金流入与流出同步　　B. 加速收款，推迟应付款的支付

C. 使用现金浮游量　　D. 尽量使用汇票付款

2. 利用存货模式计算最佳现金持有量时，一般应考虑的相关成本有（　　）。

A. 现金短缺成本　　B. 固定性转换成本

C. 委托佣金　　D. 现金管理成本

E. 机会成本

3. 采用随机模式，计算现金返回线的有关因素包括（　　）。

A. 预期每日现金余额变化的标准差

B. 有价证券的日利息率

C. 每次有价证券的固定转换成本

D. 现金存量的上限

E. 现金存量的下限

4. 企业持有一定数量现金的原因是为了满足（　　）。

A. 盈利性需要　　B. 投机性需要

C. 预防性需要　　D. 交易性需要

E. 投资性需要

5. 按照现行制度，企业应遵守的现金管理规定有（　　）。

A. 企业不得坐支现金　　B. 不得保存账外公款

C. 不得套用银行信用　　D. 不得签发空头支票和远期支票

E. 不得出租、出借银行账户

6. 企业采用随机模式进行现金持有量控制时，确定现金存量下限的主要影响因素有（　　）。

A. 企业每日最低现金需要量

B. 管理人员对现金短缺风险的承受能力

C. 有价证券的日利息率

D. 有价证券的固定转换成本

E. 每日现金余额变化的标准差

7. 采用成本分析模式确定最佳现金持有量时，现金的持有成本包括（　　）。

A. 流动成本　　B. 营运成本

C. 短缺成本　　D. 管理成本

E. 机会成本

8. 企业对客户进行资信评估应当考虑的因素主要有（　　）。

A. 信用品质　　B. 偿付能力

C. 资本　　D. 抵押品

E. 经济环境

9. 现金折扣政策的目的在于（　　）。

A. 吸引顾客为享受优惠而提前付款　　B. 扩大销售量

C. 缩短企业平均收款期　　D. 减轻企业税负

10. 销售方选择客户时应考虑的因素包括（　　）。

A. 同行业竞争对手的情况　　B. 企业承担违约风险的能力

C. 客户的信用品质　　D. 客户的资信程度

11. 应收账款的管理成本包括（　　）。

A. 资信调查费用

B. 收账费用

C. 应收账款无法收回带来的损失

D. 资金投放在应收账款上而丧失的其他收入

12. 企业在制定信用标准时应考虑的因素有（　　）。

A. 企业承担违约风险的能力　　B. 同行业竞争对手的情况

C. 客户的资信程度　　D. 企业同客户关系密切程度

E. 企业销售部门的内部管理水平

13. 下列对现金折扣的表述正确的有（　　）。

A. 折扣率越低，赊销企业付出的代价越大

B. 规定现金折扣的目的是为了尽快收回应收账款

C. 提供现金折扣能增加企业的销售额

D. 现金折扣只会给企业带来收益，不会给企业带来损失

E. 现金折扣给企业带来的收益总是大于给企业带来的损失

14. 下列各项因素中，影响经济进货批量大小的有（　）。

A. 仓库折旧费　　B. 存货资金的应计利息

C. 保险储备量　　D. 存货的年需求量

15. 计算再订货点时，需考虑的因素有（　）。

A. 保险储备量　　B. 经济订货量

C. 交货时间　　D. 日平均需用量

三、判断题

1. 现金持有成本中的管理费用与现金持有量的多少无关。（　）

2. 在成本分析模式和存货模式下确定最佳现金持有量时，都须考虑机会成本。（　）

3. 企业的库存现金、各种形式的银行存款都属于现金类资产，但银行汇票、银行本票则不属于现金类资产。（　）

4. 企业持有一定数量的有价证券，并将有价证券作为现金的替代品，主要是因为有价证券变现能力强，并能给企业带来一定的收益。（　）

5. 当企业采用随机模式对现金持有量进行控制时，只有现金量超出控制上限时，才用现金购入有价证券，使现金持有量下降；只有现金量低于控制下限时，才抛售有价证券换回现金，使现金持有量上升。（　）

6. 企业持有一定数量的现金，以备遇到合适的机会购买廉价的材料物资，这种现金持有主要是满足企业预防性的需要。（　）

7. 由于应收账款的收账费用与坏账损失一般呈反向变动关系，因此制定收账政策时要在收账费用的发生额与坏账损失的减少额之间做出权衡。（　）

8. 一般说来，企业收账的支出越大，收账措施越有力，可收回的账款也越多，坏账损失也越小。所以企业应不惜一切代价催收欠款。（　）

9. 通过账龄分析表，企业可以掌握应收账款中有多少在信用期内，有多少超过了信用期的时间，据此对应收账款回收情况进行监督。（　）

10. 现金折扣是企业为了鼓励客户多买商品而给予的价格优惠：每次购买的数量越多，价格也就越便宜。（　）

11. 赊销是扩大销售的有力手段之一，企业应尽可能放宽信用条件，增加赊销量。（　）

12. 在规定的时间内提前偿付货款的客户可按销售收入的一定比率享受现金折扣。折扣比率越高，越能及时收回货款，减少坏账损失，所以企业将现金折扣比率定得越高越好。（　）

13. 能够使企业的取得成本、储存成本和缺货成本之和最低的进货批量，便是经济进货批量。（　）

14. 一般来讲，当某种存货品种数量比重达到70%左右时，可将其划分

为 A 类存货，进行重点管理和控制。（　　）

15. 保险储备存货在正常情况下不动用，只有当存货过量使用或送货延迟时才动用，这部分存货是以备应急的。（　　）

16. 由于许多企业的存货不能做到随用随补充，所以企业要在尚有库存时提前订货，这一订货时点称为再订货点，此时的库存量等于存货每日平均需用量乘以订货间隔时间。（　　）

17. 订货提前期对经济订货量不产生影响，因而存在或不存在订货提前期下的订货批量、订货次数、订货间隔期都是一样的。（　　）

四、名词解释

随机模式　信用标准　信用期间　现金折扣政策　订货提前期

存货的 ABC 管理法

五、简答题

1. 营运资金管理的基本要求有哪些?
2. 持有现金的动机是什么?
3. 中国人民银行现金管理的有关规定有哪些?
4. 在企业中应收账款的作用是什么?
5. 企业对客户信用分析的主要内容有哪些?
6. 企业的收账策略有哪些?
7. 存货决策涉及的内容有哪些?
8. 经济订货批量基本模型的假设条件是什么?
9. 简述最佳保险储备量的确定步骤。

六、业务题

1. 某企业预计 1 个月内经营所需货币资金约为 400 万元，准备用短期有价证券变现取得，证券每次交易的固定成本为 100 元，证券市场年利率为 6%。

要求：计算最佳货币资金持有量及最小相关总成本。

2. 某公司为保证日常现金收支的需要，任何时候银行结算户存款和库存现金余额均不能低于 5 000 元，公司有价证券的年利率为 9%，每次固定转换成本平均为 72 元，根据历史资料测算出现金余额波动的标准差为 1 000 元。

要求：

（1）计算公司的最优现金返回线；

（2）计算公司现金控制的上限。

3. 某公司现金收支平衡，预计全年（360 天计）现金需要量为 25 万元，现金与有价证券的转换成本为每次 500 元，有价证券年利率为 10%。

计算：

(1) 最佳现金持有量;

(2) 现金转换成本、持有机会成本;

(3) 有价证券交易次数;

(4) 有价证券交易间隔期。

4. 某公司的年赊销收入为720万元,平均收账期为60天,坏账损失为赊销额的10%,年收账费用为5万元。该公司认为通过增加收账人员等措施,可以使平均收账期降为50天,坏账损失降为赊销额的7%。假设公司的资本成本率为6%,变动成本率为50%。

要求:计算为使上述变更经济、合理,新增收账费用的上限(每年按360天计算)。

5. 某企业生产销售M产品,该产品单价5元,单位变动成本4元,固定成本5 000元,预计信用期为30天,年销售量可达10 000件,可能发生的收账费用为3 000元,可能发生的坏账损失率为1%。若信用期为60天,年销售量可增加2 000件,但可能发生的收账费用为4 000元,增加销售部分的坏账损失率为1.5%,假定资本成本率为10%。

要求:根据上述情况,确定对企业有利的信用期。

参考答案

一、单项选择题

1. C　2. B　3. C　4. D　5. A　6. C　7. B　8. D　9. B
10. C　11. D　12. B　13. B　14. D　15. C　16. D　17. D　18. C
19. B　20. D　21. B　22. C　23. C　24. A　25. C

二、多项选择题

1. ABCD　2. BE　3. ABC　4. BCD　5. ABCDE
6. ACDE　7. CDE　8. ABCDE　9. ABC　10. CD
11. AB　12. ABC　13. BC　14. BCD　15. ACD

三、判断题

1. √　2. ×　3. ×　4. √　5. √　6. ×　7. √　8. ×　9. √
10. ×　11. ×　12. ×　13. ×　14. √　15. √　16. ×　17. √

四、名词解释

随机模式:是在现金需求难以预知的情况下进行现金持有量控制的方法。企业可以根据历史经验和现实需要,测算出一个现金持有量的控制范围,即制定出现金持有量的上限和下限,将现金量控制在上下限之间。当现金达到上限或下限时,立即调整。即当现金持有量达到上限时,购买有价证券;当现金持有量达到下限时，出售有价证券。

信用标准：是指客户获得企业商业信用所应具备的最低条件，通常用预计坏账损失率表示。如客户达不到信用标准，则企业将不给客户信用优惠，或只给较低的信用优惠。

信用期间：当客户达到信用标准后，企业要与客户谈判确定信用期间。信用期间是企业允许的顾客从购货到付款之间的时间间隔，或者说是企业准许的顾客的最晚付款时间。

现金折扣政策：现金折扣是企业对顾客在商品价格上所做的扣减。向顾客提供这种价格上的优惠，主要目的在于吸引顾客为享受优惠而提前付款，缩短企业的平均收款期。另外，现金折扣也能招揽一些视折扣为减价出售的顾客前来购货，借此扩大销售量。

订货提前期：在提前进货的情况下，企业再次发出进货订单时，尚有存货的库存量，称为再进货点，用 R 来表示。它的数量等于交货时间（L）和每日平均需用量（d）的乘积。

存货的 ABC 管理法：亦称为重点管理法，是一种体现重要性原则的方法。即运用数理统计原理，按照一定目的和要求，对存货进行分析排队，找出主要矛盾，确定管理重点和管理技术，提高存货的管理效率。

五、简答题

1. 营运资金管理的基本要求有：

（1）合理确定并控制流动资金的需要量。企业流动资金的需要量取决于生产经营规模和流动资金的周转速度，同时也受市场及供、产、销情况的影响。企业应综合考虑各种因素，合理确定流动资金的需要量，既要保证企业经营的需要，又不能因安排过量而浪费。平时也应控制流动资金的占用，使其控制在预算范围之内。

（2）合理确定流动资金的来源构成。企业应选择合适的筹资渠道及方式，力求以最小的代价谋取最大的经济利益，并使筹资与日后的偿债能力等合理配合。为此，应当认真研究各种筹集方式下的资本成本，选择合适的资金来源渠道。

（3）加快资金周转，提高资金使用效益。当企业的经营规模一定时，流动资产周转的速度与流动资金需要量呈反方向变化。企业应加强内部责任管理，适度加快存货的周转速度，缩短应收账款的收款期，延长应付账款的付款期，以降低占用和提高资金的利用效果。

2. 持有现金的动机是：满足交易性需要、预防性需要和投机性需要。交易性需要是指企业生产经营活动中货币资金支付的需要，如购买原材料、支付人工工资、偿还债务、缴纳税款等。这种需要发生频繁，金额较大，是企业持有现金的主要原因。预防性需要是指企业为应付意外的、紧急的情况而需要持有现金，如因生产事故、自然灾害、客户违约等打破原先的货币资金收支平衡。企业为预防性需要而持有现金的多少取决于：企业的临时举债能力；企业流动资产的变现能力；企业对资金需求量预测的可靠程度；企业愿意承担风险的程度。投机性需要是指企业为抓住稍纵即逝的市场机会，投机获利而持有现金。为了满足投机性需要而大量持有现金的，在金融企业和投资公司中较常见。如捕捉机会超低价购入有价证券、原材料、商品等，意在短期内抛售获利。

3．中国人民银行现金管理的有关规定有：

（1）现金使用范围。使用范围包括：支付职工工资、津贴；支付个人劳务报酬；根据国家规定颁发给个人的科学技术、文化艺术、体育等各种奖金；支付各种劳保、福利费用以及国家规定的对个人的其他支出；向个人收购农副产品和其他物资的价款；出差人员必须随身携带的差旅费；结算起点（1 000 元）以下的零星支出；中国人民银行需要支付现金的其他支出。

（2）库存现金限额。企业库存现金，由其开户银行根据企业的实际需要核定限额，如交通是否便利及日常所需现金开支量大小等，一般以 3～5 天的零星开支额为限。

（3）不得坐支现金。开户单位收入现金应于当日送存开户银行，当日送存确有困难的，由开户银行确定送存时间；开户单位支付现金，可以从本单位现金库存中支付或者从开户银行提取，不得从本单位的现金收入中直接支付。

（4）不得出租、出借银行账户。

（5）不得签发空头支票和远期支票。

（6）不得套用银行信用。

（7）不得保存账外公款。包括不得将公款以个人名义存入银行和保存账外现钞等各种形式的账外公款。

4．在企业中应收账款的作用是：

（1）增加销售。企业销售产品有现销和赊销两种方式。在销售顺畅的情况下，企业都喜欢采用现销的方式。这样能及时收到款项，又能避免坏账损失。然而在完全自由竞争的市场经济条件下，销货方为了提高产品的市场占有率，使自己在激烈的竞争中处于有利地位，往往采用赊销方式来增加产品销售额。

（2）减少存货积压。由于赊销方式能增加销售，使存货转化成应收账款，所以也促成库存产成品存货的减少。减少存货能降低仓储、减少存货变质损失等。特别是在企业的产品积压严重、资金大量占用，无法变现的情况下，采取有效的赊销措施虽然不能使企业的资金马上回笼，但是可以节约存货管理费用。

5. 企业对客户信用分析的主要内容有：

（1）基础资料。这是客户最基本的原始资料，包括客户的名称、地址、电话、组织形式、股东、经营管理者、法定代表人及个人资历、开业时间与本公司以往交易情况等。

（2）客户特征，包括服务区域、销售能力、发展潜力、经营观念、经营方向、经营政策、企业规模、经营特点等。

（3）业务状况，主要包括销售业绩、经营管理者及其员工的素质、与其他竞争者的关系、与公司的业务关系及合作态度等。

（4）交易现状，主要包括客户的销售活动现状、存在的问题、未来的对策、企业形象、声誉、信用状况、交易条件以及出现的信用问题等。

（5）财务状况，主要包括资产负债状况、经营成果状况、重要财务比率、客户以往的信用记录等。

6. 企业的收账策略有：

（1）企业应投入一定收账费用以减少坏账的发生。一般来说，随着收账费用的增加，坏账损失会逐渐减少，但收账费用不是越多越好，因为收账费用增加到一定数额后，坏账损失不再减少，说明在任何情况下坏账损失都是不可避免的。至于收账费用投入多少为好，要在增加的收账费用和减少的坏账损失之间进行权衡。

（2）企业对客户欠款的催收应做到有理、有利、有节。对超过信用期限不多的客户宜采用电话、发信等方式“提醒”对方付款。对久拖不还的欠款，应具体调查分析客户欠款不还的原因。如客户确因财务困难而无力支付，则应与客户协商沟通，寻求解决问题的办法，甚至可以对客户予以适当帮助，使之进行债务重整等。如客户欠款属故意赖账，品质恶劣，则应逐渐加强催账力度，直至诉诸法律，并将该客户从信用名单中排除。应尽量避免对客户采用强硬措施，要珍惜与客户之间的友情，有利于树立良好的企业形象，便于以后的商业交流。

7. 存货决策涉及的内容有：①进货项目的决策；②供货单位的选择；③进货时间的决定；④进货批量的确定。财务部门要做的是决定进货时间和决定进货批量（分别用 T 和 Q 表示）。按照存货管理的目的，需要通过确定合理的进货批量和进货时间，使存货的总成本最低。这个批量叫作经济订货量或经济订货批量。

8. 经济订货批量基本模型的假设条件是：①企业能够及时补充存货，即需要订货时便可立即取得存货；②能集中到货，而不是陆续入库；③不允许缺货，即无缺货成本；④需求量稳定且能预测，即 D 为常量；⑤存货单价不变，不考虑现金折扣，即 U 为常量；⑥企业现金充足，不会因现金短缺而影响进货；⑦所需存货市场供应充足，不会因买不到需要的存货而影响正常的生产经营。

9. 最佳保险储备量的确定步骤：①预计可能出现的缺货情况以及相应的概率；②根据不同的缺货量计算相应的相关总成本；③选择相关总成本最低时的保险储备量为最佳保险储备量。

六、业务题

1. 答案：

最佳货币资金持有量：

$$Q^* = \sqrt{\frac{2 \times 100 \times 4\ 000\ 000}{6\%/12}} = 400\ 000\text{（元）}$$

最小相关总成本：

$$TC^* = \sqrt{2 \times 100 \times 4\ 000\ 000 \times 6\%/12} = 2\ 000\text{（元）}$$

2. 答案：

（1）公司的最优现金返回线

$$= \sqrt[3]{\frac{3 \times 72 \times 1\ 000^2}{4 \times 9\%/360}} + 5\ 000 = 11\ 000\text{（元）}$$

（2）公司现金控制的上限

$$= 3 \times 11\ 000 - 2 \times 5\ 000 = 23\ 000\text{（元）}$$

3. 答案：

（1）最佳现金持有量 $= \sqrt{\frac{2 \times 500 \times 250\ 000}{10\%}} = 50\ 000$（元）

（2）现金转换成本 $= \frac{250\ 000}{50\ 000} \times 500 = 2\ 500$（元）

现金持有机会成本 $= 50\ 000/2 \times 10\% = 2\ 500$（元）

（3）有价证券交易次数 $= \frac{250\ 000}{50\ 000} = 5$（次）

（4）有价证券交易间隔期 $= 360/5 = 72$（天）

4. 答案：

原方案总成本 = 应收账款平均余额 × 变动成本率 × 资本成本率 + 赊销额 × 原坏账损失率 + 原坏账费用

$= 720 \times 60/360 \times 50\% \times 6\% + 720 \times 10\% + 5 = 80.6$（万元）

新增收账费用的上限 $= 80.6 - (720 \times 60/360 \times 50\% \times 6\% + 720 \times 7\%) - 5$

$= 22.2$（万元）

故采用新收账措施而增加的收账费用不应超过22.2万元。

5. 答案：

(1) 收益的增加 = 销售量增加 × 单位边际贡献

$= 2\,000 \times (5-4) = 2\,000$（元）

(2) 应收账款占用资金的应计利息增加

$= \Delta$(应收账款平均余额 × 变动成本率 × 资本成本率)

$= (12\,000 \times 5)/360 \times 60 \times 4/5 \times 10\% - (10\,000 \times 5)/360 \times 30 \times 4/5 \times 10\%$

$= 800 - 333 = 467$（元）

(3) 坏账损失的增加 $= 2\,000 \times 5 \times 1.5\% = 150$（元）

(4) 收账费用增加 $= 4\,000 - 3\,000 = 1\,000$（元）

(5) 改变信用期的净损益

= 收益增加 - 成本费用增加

$= 2\,000 - (467 + 150 + 1\,000) = 383$（元）

由于收益的增加大于成本的增加，故应采用 60 天信用期。

第十章 股利分配

学习重点及难点

一、利润分配的内容

对于股份有限公司而言，利润分配的核心内容是股利分配。制定合理的股利分配政策，包括选择适当的股利支付方式等，对公司的股票价格和股东财富都将产生影响。本章从公司的利润分配项目和利润分配的一般程序出发，讨论公司股利政策的各方面内容。

二、股利支付的方式

（1）现金股利。以现金支付的股利，是股利分派的主要方式。公司支付现金股利除了要有累计盈余（特殊情况下可用弥补亏损后的盈余公积金支付）外，还要有足够的现金，因此公司在支付现金股利前需要筹备充足的现金。如果长期不分派现金股利，说明公司无充足的现金或出现了经营困难，将对投资者的投资信心造成影响。

（2）财产股利，是以现金以外的资产支付的股利，主要是以公司所拥有的其他企业的有价证券，如债券（金融债券、企业债券或国债等）、股票，作为股利支付给股东（或投资人）。

（3）负债股利，是公司以负债支付的股利，通常以公司的应付票据支付给股东，也有发行公司债券来抵付股利的。

财产股利和负债股利实际上是现金股利的替代，但在我国很少分派财产股利和负债股利。

（4）股票股利，是公司以增发的股票作为股利的支付方式。

三、影响股利政策的因素

在现实生活中，公司的股利政策是在种种因素制约下制定的，公司股利政策的形成不可能摆脱这些因素的影响。影响公司股利政策的主要有法律、契约、公司本身和股东等几个方面。

四、股利分配的主要政策

支付给股东的股利与留在企业的保留盈余，存在此消彼长的关系。所以，股利分配既决定给股东分配多少红利，也决定有多少净利留在企业。减少股利分配，会增加保留盈余，减少外部融资需求，所以股利决策也是内部融资决策。股利政策实际上会影响企业的市场价值（或股票价格）、筹资能力及企业的未来发展。因此，企业应综合考虑各项因素的影响，从实际情况出发，制定适合本企业的股利分配政策。在进行股利分配的实务中，公司经常采用的股利政策有以下几种类型：①剩余股利政策；②固定或持续增长股利政策；③固定股利支付率政策；④低正常股利加额外股利政策。

练习题

一、单项选择题

1．按照剩余股利政策，假设某公司资本结构是30%的负债资金、70%的股权资金，明年计划投资600万元，今年年末股利分配时，应从税后净利中保留（　　）用于投资需要。

A．180万元　　B．240万元

C．360万元　　D．420万元

2．公司采用固定或持续增长的股利政策的缺点是（　　）。

A．不利于树立公司的良好形象，增强投资者对公司的信心，稳定股票价格

B．不利于投资者安排股利收入或支出

C．股利的支付与盈余相脱节

D．不能避免出现由于经营不善而削减股利的情况

3．对收益波动频繁的企业最适宜选择的政策是（　　）。

A．剩余政策　　B．固定股利支付率政策

C．固定或稳定增长股利政策　　D．低正常股利加额外股利政策

4．通货膨胀时期，企业采取的收益分配政策（　　）。

A．很紧　　B．很松

C．偏紧　　D．偏松

5．剩余政策的根本目的是（　　）。

A．调整资金结构　　B．增加留存收益

C．更多使用自有资金进行投资　　D．降低综合成本

6．法定盈余公积金达到注册资本的（　　）时，可不再提取。

A．55%　　B．50%

C. 35%　　D. 25%

7. 能保持股利与利润间的一定比例关系，体现风险投资与风险收益的对等关系的是（　　）。

A. 剩余政策　　B. 固定股利政策

C. 正常股利加固定股利政策　　D. 固定股利比例政策

8.（　　）之后的股票交易，其交易价格可能有所下降。

A. 股利宣告日　　B. 除息日

C. 股权登记日　　D. 股利支付日

9. 股票股利的缺点之一是（　　）。

A. 会稀释股权　　B. 增加现金支出

C. 最易被投资者接受　　D. 不利于公司发展

10. 下列各项中，将会导致企业股本变动的股利形式有（　　）。

A. 财产股利　　B. 负债股利

C. 股票股利　　C. 现金

11. 法律对利润分配进行超额累积利润限制的主要原因是（　　）。

A. 避免损害少数股东利益　　B. 避免资本结构失调

C. 避免股东避税　　D. 避免经营者从中牟利

12. 制定利润分配政策时，应该考虑的投资者的因素是（　　）。

A. 未来投资机会　　B. 筹资成本

C. 资产的流动性　　D. 控制权的稀释

13. 某公司现有发行在外的普通股 1 000 000 股，每股面值 1 元，资本公积 3 000 000 元，未分配利润 8 000 000 元，股票市价 20 元；若按 10% 的比例发放股票股利并按市价折算未分配利润的变动额，公司的资本公积金将为（　　）。

A. 1 000 000 元　　B. 2 900 000 元

C. 4 900 000 元　　D. 3 000 000 元

14. 企业最常见、最易被投资者接受的股利支付形式有（　　）。

A. 股票股利形式　　B. 现金股利形式

C. 财产股利形式　　D. 实物股利形式

15. 领取股利的权利与股票相互分离的日期是（　　）。

A. 股利宣告日　　B. 股利登记日

C. 除息日　　D. 股利支付日

16. 公司采用固定股利政策发放股利的好处主要表现为（　　）。

A. 降低资本成本　　B. 维护股价稳定

C. 提高支付能力　　D. 实现资本保全

17. 企业采用剩余股利政策进行收益分配的主要优点是（　　）。

A. 有利于稳定股价

B. 获得财务杠杆利益

C. 降低综合资本成本

D. 增强公众投资信心

18. 一般而言，适合于采用固定股利政策的公司是（　　）。

A. 负债率较高的公司

B. 盈利稳定或处于增长期的公司

C. 盈利波动较大的公司

D. 盈利较高但投资机会较多的公司

19. 采用剩余政策分配股利的根本目的是为了（　　）。

A. 降低企业筹资成本

B. 稳定公司股票价格

C. 合理安排现金流量

D. 体现风险投资与风险收益的对等关系

20. 造成股利波动较大，给投资者以公司不稳定的感觉，对于稳定股票价格不利的股利分配政策是（　　）。

A. 剩余股利政策

B. 固定或持续增长的股利政策

C. 固定股利支付率政策

D. 低正常股利加额外股利政策

二、多项选择题

1. 下列项目中，不能用于支付股利的有（　　）。

A. 原始投资

B. 实收资本

C. 股本

D. 未分配利润

2. 采用固定股利政策的理由有（　　）。

A. 有利于投资者安排收支

B. 有利于公司树立良好的形象

C. 有利于稳定股票价格

D. 有利于保持理想的资本结构

3. 发放股票股利不会产生的影响是（　　）。

A. 引起资产流出

B. 引起股东权益内部结构变化

C. 引起股东权益总额变化

D. 引起每股利润下降

4. 影响收益分配政策的公司因素有（　　）。

A. 公司举债能力

B. 未来投资机会

C. 资产流动情况

D. 筹资成本

5. 关于收益分配政策，下列说法正确的是（　　）。

A. 剩余分配政策能正确利用筹资成本最低的资金来源，保持理想的资本结构

B. 固定股利政策有利于公司股票价格的稳定

C. 固定股利比例政策体现了风险投资与风险收益的对等

D. 正常股利加额外股利政策不利于股价的稳定和上涨

6. 股利决策涉及的重要内容有（　　）。

A．股利支付程序中各日期的确定
B．股利支付方式
C．支付现金股利所需现金的筹集方式
D．股利支付比率

7．下列各种股利分配政策中，企业普遍使用并被广大投资者认可的基本策略有（　　）。
A．剩余股利政策　　B．固定股利政策
C．正常股利加额外股利政策　　D．固定股利比例政策

8．采用（　　）政策，有助于保持公司股票价格的稳定和良好公司形象。
A．固定增长股利　　B．固定股利
C．剩余股利　　D．固定股利比例

9．公司发放股票股利，（　　）。
A．实际上是企业盈利的资本化　　B．能达到节约企业现金的目的
C．可以使股票价格不至于过高　　D．会使企业财产增值

10．就上市公司而言，发放股票股利（　　）。
A．就是调整企业所有者权益内部结构
B．能使企业筹资规模增加
C．会增加原投资者持股的比例
D．不会引起股东权益总额的增减变化

11．采用正常股利加额外股利政策的理由是（　　）。
A．有利于保持最优资本结构
B．使公司具有较大的灵活性
C．保持理想的资本结构，使综合成本最低
D．使依靠股利度日的股东有比较稳定的收入，从而吸引住这部分股东

12．公司的经营需要对股利分配常常会产生影响，下列叙述正确的是（　　）。
A．为保持一定的资产流动性，公司不愿支付过多的现金股利
B．保留盈余因无需筹资费用，故从资本成本考虑，公司保留盈余少时也要采用低股利政策
C．成长型公司多采取高股利政策，处于收缩期的公司多采用低股利政策
D．举债能力强的公司有能力及时筹措到所需资金，可能采取较宽松的股利政策

13．确定企业收益分配政策时需要考虑的法规约束因素主要包括（　　）。

A. 资本保全约束　　B. 资本积累约束

C. 偿债能力约束　　D. 稳定股价约束

14. 采用现金股利形式的企业必须具备的两个条件是（　　）。

A. 企业要有足够的现金

B. 企业要有足够的净利润

C. 企业要有足够的留存收益

D. 企业要有足够的未指明用途的留存收益

15. 股东在决定公司收益分配政策时，通常考虑的主要因素有（　　）。

A. 规避风险　　B. 稳定股利收入

C. 防止公司控制权旁落　　D. 避税

16. 发放股票股利后，可能会引起（　　）。

A. 每股利润的下降

B. 每股市价上升

C. 每位股东所持股票的市场价格总额不变

D. 每股市价的下跌

17. 股利政策的制定受多种因素的影响，包括（　　）。

A. 税法对股利和出售股票收益的不同处理

B. 未来公司的投资机会

C. 各种资金来源及其成本

D. 股东对当期收入的相对偏好

三、判断题

1. 发放股票股利后会使每股盈余和每股市价下降。（　　）

2. 发放股票股利不会对公司的资产总额、负债总额及所有者权益总额产生影响，但会发生资金在所有者权益项目间的再分配。（　　）

3. 发放股票股利对公司有利，因为发放股票股利可以降低每股市价，从而吸引更多投资者。（　　）

4. 根据“无利不分”的原则，当企业出现年度亏损时，一般不得分配利润。（　　）

5. 发放股票股利会引起每股利润的下降，每股市价也有可能下跌，因而每位股东所持股票的总市值也将下降。（　　）

6. 成长中的企业，一般采用低股利政策；处于经营收缩期的企业，则采取高股利政策。（　　）

7. 比较而言，剩余股利政策能使企业在股利发放上具有较大的灵活性。（　　）

8. 发放股票股利并不引起股东权益总额的变化，发放现金股利会减少股东权益总额。（　　）

9．公司发放股票股利后会使资产负债率下降。（　）

10．公司奉行剩余政策的目的是保持理想的资本结构；采用固定股利政策主要是为了维护股价；固定股利比例政策将股利支付与公司当年经营业绩紧密相连，以缓解股利支付压力；而正常股利加额外股利政策使公司在股利支付中较具灵活性。（　）

11．企业发生的年度经营亏损，依法用以后年度实现的利润弥补。连续5年不足弥补的，用税后利润弥补，或者经企业董事会或经理办公会审议后，依次用企业盈余公积、资本公积弥补。（　）

12．盈余不稳定的公司，较多采用低股利政策。（　）

13．在连续通货膨胀的条件下，公司应采取偏紧的股利政策。（　）

14．股东为防止控制权稀释，往往希望公司提高股利支付率。（　）

15．采用固定股利比例政策体现了风险投资与风险收益的对等关系。（　）

16．公司发放股票股利，股东权益总额相应也会发生变化。（　）

17．采用正常股利加额外股利政策主要是为了保持理想的资本结构，使企业的综合资本成本最低。（　）

18．在通货膨胀时期，企业一般采取宽松的收益分配政策。（　）

19．发放股票股利后由于不会引起公司资产的流出或负债的增加，因而也不会增加公司的负担。（　）

20．企业发放股票股利将使同期每股收益下降。（　）

21．股份有限公司的股利分配遵循“无利不分”的原则，即公司的盈余公积抵补亏损后有剩余也不能用来支付股利。（　）

22．固定股利比例分配政策的主要缺点，在于公司股利支付与其盈利能力相脱节，当盈利较低时仍要支付较高的股利，容易引起公司资金短缺、财务状况恶化。（　）

四、名词解释

未分配利润　股权登记日　剩余股利政策　低正常股利加额外股利政策

股票股利　股票分割

五、简答题

1．利润分配的顺序是怎样的？

2．采用剩余股利政策时应遵循哪些步骤？

3．采用固定或持续增长股利政策的理由是什么？

4．分派股票股利的意义是什么？

5．股票回购有哪些方式？

六、业务题

1. 某公司 2011 年提取了公积金、公益金后的税后净利润为 1 200 万元。第二年投资计划需资金 1 500 万元，该公司目标资本结构为自有资金占 60%，借入资金占 40%，另外，该公司流通在外普通股总额为 2 000 万股，优先股 200 万股，每股固定股利 1 元。

试计算：在剩余政策下该公司当年可发放的股利额及每股股利。

2. 某公司的权益账户如下：

普通股(每股面值 5 元)	400 000
资本公积	300 000
保留盈余	1 800 000
权益总额	2 500 000

该股票的现行市价为 50 元。

试计算：发行 10% 的股票股利后，该公司的权益账户的变化情况。

3. A 公司目前发行在外的股数为 1 000 万股，该公司的产品销路稳定，拟投资 1 200 万元，扩大生产能力 50%。该公司想要维持目前 50% 的负债比率，并想继续执行 10% 的固定股利支付率政策。该公司 2011 年的税后利润为 500 万元。

请问：该公司 2012 年为扩充上述生产能力必须从外部筹措多少权益资本？

4. M 公司 2011 年提取了公积金后的税后净利为 600 万元，分配现金股利 240 万元。2012 年提取了公积金后的税后净利为 400 万元。2013 年没有计划投资项目。

试计算：

(1) 固定股利政策下，该公司 2012 年应分配的现金股利；

(2) 固定股利比例政策下，该公司 2012 年应分配的现金股利。

5. 某公司 2011 年实现的税后净利为 1 000 万元，法定盈余公积金、公益金的提取比例为 15%。若 2012 年的投资计划所需资金为 800 万元，公司的目标资本结构为自有资金占 60%。

请问：

(1) 若公司采用剩余股利政策，则 2011 年年末可发放多少股利？

(2) 根据 (1) 的计算结果，若公司发行在外的股数为 1 000 万股，计算每股利润及每股股利。

(3) 若 2012 年公司决定将公司的股利政策改为逐年稳步增长的股利政策，设股利的逐年增长率为 2%，投资者要求的必要报酬率为 12%，计算该股票的价值。

参考答案

一、单项选择题

1.D　2.C　3.B　4.C　5.D　6.B　7.D　8.B　9.A
10.C　11.C　12.D　13.C　14.B　15.C　16.B　17.C　18.B
19.A　20.C

二、多项选择题

1. ABD　2. ABC　3. AC　4. ABCD　5. ABC
6. ABCD　7. BC　8. AB　9. ABC　10. AD
11. BD　12. ABD　13. ABC　14. AD　15. ABCD
16. ACD　17. ABCD

三、判断题

1.×　2.√　3.×　4.√　5.×　6.√　7.×　8.√　9.×
10.√　11.√　12.√　13.√　14.×　15.√　16.×　17.×　18.×
19.×　20.√　21.×　22.×

四、名词解释

未分配利润：公司当年实现的净利润在提取盈余公积金、公益金和向投资者分配股利后的余额，就是未分配利润。

股权登记日：即有权领取股利的股东有资格登记的截止日期，也称为除息日。只有在股权登记日前在公司股东花名册上有名的股东，才有权分享股利。股权登记日一般在股利宣告日后的 2 ~3 周内。

剩余股利政策：就是在公司有着良好的投资机会时，根据一定的目标资本结构（最佳资本结构），测算出投资所需的权益资本，先从当年盈余中留存，然后再将剩余的部分作为股利支付给股东。

低正常股利加额外股利政策：一般情况下，公司每年只需要支付金额较低的正常股利，只有在公司经营状况非常好时，公司才会在正常股利外，加付额外股利。

股票股利：是公司以增发的股票作为股利的支付方式。股票股利会使每个股东所持有的股票数量成比例增加，不会导致公司资产流出或负债的增加，但会引起所有者权益各项目的结构发生变化。

股票分割：是指将一张面值较大的股票分割成几张面值较小的股票。股票分割往往是公司为了增强其股票的市场流动性而采取的一项措施。

五、简答题

1. 利润分配的顺序是：

（1）弥补被查没的财物损失，支付违反税法规定的滞纳金和罚款。企业因违反法律法规而被没收的财物损失，因违反税收征管条例而被税务部门处以的滞纳金和罚款，只能在企业的税后利润中支付，不能在税前列支。

（2）弥补企业以前年度亏损。企业以前年度亏损，如果不能在 5 年内用税前利润弥补完，要用税后利润继续弥补。以前年度亏损未弥补前，企业不能提取公积金和公益金，通常也不能向投资者分配利润。

（3）提取法定盈余公积金。企业的税后利润在扣除前两项支出后，可按其余额的 10% 提取法定盈余公积金。但累计提取的法定盈余公积金达到公司注册资本的 50% 时，可不再提取。提取法定盈余公积金的目的在于保障企业的后续发展能力，因此该项资金提取后的用途主要用于弥补亏损和转增股本。此外，在特殊情况下法定盈余公积金可用于股利的分配。该特殊情况是：股份有限公司的股利政策原则上应从税后利润中分配，无盈利不得分配股利，但如果企业当年无利润或累计未分配利润不足以派发股利，公司为了维护企业的市场信誉或稳定股票价格，经股东大会特别决议，也可以用盈余公积金派发部分股利，但最高限额不得超过票面值的 6%，而且派发完股利后的剩余盈余公积金应不少于注册资本的 25%。

（4）支付优先股股利。

（5）支付普通股股利。

2. 采用剩余股利政策时，应遵循的步骤是：①设定目标资本结构，即确定权益资金与债务资金之间的比例，在此资本结构下，加权平均资本成本将达到最低水平；②确定目标资本结构下投资所需的权益资金数额；③最大限度地使用保留盈余来满足投资方案所需的权益资金数额；④投资方案所需权益资金已经满足后若有剩余盈余，再将其作为股利发放给股东。

3. 采用固定或持续增长股利政策的理由是：

（1）稳定的股利向市场传递着公司正常发展的信息，有利于树立公司良好形象、增强投资者对公司的信心、稳定股票价格。

（2）稳定的股利额有利于投资者安排股利收入和支出，特别是那些对股利有着很高依赖性的股东更是如此。股利忽高忽低的股票，不会受这些股东的欢迎，股票价格会因此而下降。

（3）稳定的股利政策可能不符合剩余股利理论，但考虑到股票市场会受到多种因素的影响，其中包括股东的心理状态和其他要求，因此为了使股利维持在稳定的水平上，即使推迟某些投资方案或者暂时偏离目标资本结构，也可能要比降低股利增长率更为有利。该股利政策的缺点在于股利支付与盈余相脱节。当盈余较低时仍要支付固定的股利，可能会导致资金短缺，财务状况恶化；同时不能像剩余股利政策那样保持较低的资本成本。

4. 分派股票股利的意义有：

（1）发放股票股利可使股东分享公司的盈余而无需分配现金，这使公司留存了足够的现金，便于公司再投资，有利于扩大公司的市场占有份额和长远发展。

（2）发放股票股利会使股价下跌，可以降低投资门槛，吸引更多投资者购买，活跃资本市场。

（3）发放股票股利往往会向投资者传递公司有更大的发展空间和获利能力的信息，从而增强投资者对公司的信心，有利于股价的稳定。但公司不能长期发放股票股利，否则会被认为公司资金周转出现困难而导致现金缺乏，从而降低投资者对公司的信心，导致股票价格下跌。

（4）发放股票股利的费用比发放现金股利高，会增加公司相应的经济负担。

5．股票回购方式有：

（1）公开市场收购。它是指公司通过证券经营机构在公开的证券市场购回自身发行的股票。当公司在公开市场购回股票时，需要披露购回股票的意图、数量等信息，并遵守公司法和证券法的有关规定。这种回购方式很容易推高股价，从而增加回购成本，另外交易税和交易佣金方面的成本也很高。

（2）要约回购。要约回购可分为固定价格要约回购和荷兰式拍卖回购。固定价格要约回购指公司在特定时间发出的以某一高出股票当前市场价格的价格水平，回购既定数量股票的要约。荷兰式拍卖，由企业详细说明愿意回购的股票数量，以及愿意支付的最低与最高价格。一般情况下，最低价格 > 现行市场价格。然后，股东向企业提出他们愿意出售的股票数量，以及在设定的价格范围内他们能够接受的最低出售价格。在接到股东报价后，企业将它们按从低到高的顺序进行排列，然后决定能够实现事先设定的全部回购数量的最低价格。

（3）协议（商）回购。协议回购是指公司以协议价格直接向一个或几个主要股东购回股票。协议购买的价格经常低于当前市场价格，尤其是在卖方首先提出的情况下。但是有时公司会以超常溢价向喜欢闹事或存在潜在威胁的非控股股东批量购回股票。

（4）可转让出售权。通常的做法是公司设定股票回购数量的最高限额，每个股东可根据自己的意愿选择接受或拒绝回购要约。在固定价格回购要约中，公司赋予股东一项卖出期权，股东的回购价格即为期权执行价格。当回购价格高于当前市场价格时，期权处于实值状态，具有价值。

六、业务题

1．答案：

向优先股股东分派股利为：$200 \times 1 = 200$（万元）

第二年预计需自有资金数额为：$1\ 500 \times 60\% = 900$（万元）

当年可发放股利 = 1 200 - 200 - 900 = 100（万元）

每股股利 $=\frac{100}{2\ 000}=0.05$（元）

2. 答案：

∵ 发行股票股利后，会增加普通股股数。

增加的普通股股数 $=\frac{400\ 000}{5}\times 10\%=8\ 000$（股）

从而减少保留盈余 = 8 000 × 50 = 400 000（元）

股本增加 = 8 000 × 5 = 40 000（元）

资本公积增加 = 400 000 - 40 000 = 360 000（元）

∴ 权益账户为：

普通股 440 000 股

资本公积 660 000 元

保留盈余 1 400 000 元

权益总额 2 500 000 元

3. 答案：

保留利润 = 500 ×（1 - 10%）= 450（万元）

权益融资需要 = 1 200 ×（1 - 50%）= 600（万元）

外部权益融资 = 600 - 450 = 150（万元）

4. 答案：

（1）固定股利政策下，该公司 2012 年应分配的现金股利（与上年相同）为 240 万元。

（2）固定股利比例政策下，该公司 2012 年应分配的现金股利为：

$400\times\frac{240}{600}=160$（万元）

5. 答案：

（1）提取公积金 = 1 000 × 15% = 150（万元）

可供分配利润 = 1 000 - 150 = 850（万元）

投资所需自有资金 = 800 × 60% = 480（万元）

向投资者分配额 = 850 - 480 = 370（万元）

（2）每股利润 $=\frac{1\ 000}{1\ 000}=1$（元/股）

每股股利 $=\frac{370}{1\ 000}=0.37$（元/股）

（3）该股票价值 $=\frac{0.37\times(1+2\%)}{12\%-2\%}=3.77$（元）

第十一章
财务控制

学习重点及难点

一、财务控制的特征

财务控制，是指按照一定的程序与方法，确保企业及其内部机构和人员全面落实和实现财务预算的过程。财务控制的特征：以价值形式为控制手段；以不同岗位、部门和层次的不同经济业务为综合控制对象；以控制日常现金流量为主要内容。

二、成本控制的含义和内容

成本控制是对企业生产经营过程中发生的各种耗费进行控制。它有广义和狭义之分。广义的成本控制就是成本经营，强调对企业生产经营的各个环节和方面进行全过程的控制。广义的成本控制包括成本预测、成本计划、成本日常控制、成本分析和考核等一系列环节。

狭义的成本控制也称成本的日常控制，主要是指对生产阶段产品成本的控制。即运用一定的方法将生产过程中构成产品成本的一切耗费限制在预先确定的计划成本范围内，然后通过分析实际成本与计划成本之间的差异，找出原因，采取对策以降低成本。成本控制按照成本形成的过程，可分为事前成本控制、事中成本控制和事后成本控制；成本控制按照成本费用的构成，可分为生产成本控制和非生产成本控制。

三、标准成本的制定

一般情况下，在制定标准成本时，企业可以根据自身的技术条件和经营水平，在以下三种不同的标准成本中进行选择：一是理想标准成本，它是指在现有条件下所能达到的最优的成本水平；二是历史平均成本，它是指过去较长时间内所达到的成本的实际水平；三是正常标准成本，是指在正常情况下企业经过努力可以达到的成本标准，这一标准考虑了生产过程中不可避免的损失、故障和偏差。通常，正常标准成本大于理想标准成本，但小于历史平均成本。正常标准成本具有客观性、现实性、激励性和稳定性等特点，因此被广泛运用于下列具体的标准成本的制定过程中。

（1）直接材料标准成本的制定。某单位产品耗用的直接材料的标准成本是由材料的用量标准和价格标准两项因素决定的。材料的价格标准通常采用企业制定的计划价格。企业在制定计划价格时，通常是以订货合同的价格为基础，并考虑将来各种变化情况，按各种材料分别计算。材料的用量标准，是指单位产品耗用原料及主要材料的数量，通常也称为材料消耗定额。应根据企业产品的设计、生产和工艺的现状，结合企业经营管理水平的情况和降低成本任务的要求，考虑材料在使用过程中发生的必要损耗，并按照产品的零部件来制定各种原料及主要材料的消耗定额。

（2）直接人工标准成本的制定。直接人工标准成本是由直接人工的价格标准和直接人工用量标准两项因素决定的。直接人工的价格标准就是标准工资率，通常由劳动工资部门根据用工情况制定。当采用计时工资时，标准工资率就是单位工时标准工资率，它是由标准工资总额除以标准总工时来计算的，即标准工资率 = 标准工资总额 ÷ 标准总工时。人工用量标准就是工时用量标准，也称工时消耗定额，是指企业在现有的生产技术条件、工艺方法和技术水平的基础上，考虑提高劳动生产率的要求，采用一定的方法，按照产品生产加工所经过的程序确定的单位产品所需耗用的生产工人工时数。在制定工时消耗定额时，还要考虑生产工人必要的休息和生理上所需时间，以及机器设备的停工清理时间，使制定的工时消耗定额既合理又先进，从而达到成本控制的目的。

（3）制造费用标准成本的制定。制造费用的标准成本是由制造费用价格标准和制造费用用量标准两项因素决定的。制造费用价格标准，也就是制造费用的分配率标准。其计算公式为：制造费用分配率标准 = 标准制造费用总额 ÷ 标准总工时。制造费用用量标准就是工时用量标准，其含义与直接人工用量标准相同。其计算公式为：制造费用标准成本 = 工时用量标准 × 制造费用分配率标准。成本按照其性态，分为变动成本和固定成本。前者随着产量的变动而变动；后者相对固定，不随产量的变动而变动。所以，制定制造费用标准成本时，也应分别制定变动制造费用的标准成本和固定制造费用的标准成本。

四、成本差异的计算和分析

在标准成本制度下，成本差异的计算与分析是实现成本反馈控制的主要手段。

（1）直接材料成本差异的计算分析。直接材料成本差异，是指在实际产量下直接材料实际总成本与实际产量下直接材料标准总成本之间的差额。它可分解为直接材料用量差异和直接材料价格差异两部分。有关计算公式如下：直接材料成本差异＝实际产量下的实际成本－实际产量下的标准成本＝实际用量×实际价格－标准用量×标准价格＝（实际用量－标准用量）×标准价格＋（实际价格－标准价格）×实际用量＝直接材料用量差异＋直接材料价格差异。

（2）直接人工成本差异的计算和分析。直接人工成本差异，是指在实际产量下直接人工实际成本与实际产量下直接人工标准成本之间的差异。可分解为直接人工效率差异和工资率差异。其计算公式如下：直接人工成本差异＝实际产量下的直接人工实际成本－实际产量下的直接人工标准成本＝实际工时×实际工资率－标准工时×标准工资率＝（实际产量下实际人工工时－实际产量下标准人工工时）×标准工资率＋（实际工资率－标准工资率）×实际人工工时＝直接人工效率差异＋直接人工工资率差异。

（3）变动制造费用成本差异的计算和分析。变动制造费用成本差异，是指实际产量下实际发生的变动制造费用与实际产量下的标准变动制造费用的差异，可以分解为效率差异和耗费差异两部分。其计算公式为：变动制造费用成本差异＝实际产量下实际变动制造费用－实际产量下标准变动制造费用＝实际工时×变动制造费用实际分配率－标准工时×变动制造费用标准分配率＝（实际工时－实际产量下标准工时）×变动制造费用标准分配率＋（变动制造费用实际分配率－变动制造费用标准分配率）×实际工时＝变动制造费用效率差异＋变动制造费用耗费差异。

（4）固定制造费用成本差异的计算的分析。固定制造费用成本差异，是指实际产量下固定制造费用与实际产量下标准固定制造费用的差异。其计算公式为：固定制造费用成本差异＝实际产量下实际固定制造费用－实际产量下标准固定制造费用＝实际分配率×实际工时－标准分配率×实际产量下的标准工时。固定制造费用总差异可以分解为耗费差异和能量差异两部分，它们的计算公式分别是：

耗费差异＝实际产量下实际固定制造费用－预算产量下的标准固定制造费用＝实际固定制造费用－预算产量×工时标准×标准分配率＝实际固定制造费用－预算产量标准工时×标准分配率

能量差异＝预算产量下的标准固定制造费用－实际产量下的标准固定制造费用＝（预算产量下的标准工时－实际产量下的标准工时）×标准分配率

练习题

一、单项选择题

1．关于理想标准成本，下列说法中不正确的是（　　）。

A. 是最优的生产条件下，利用现有的规模和设备能够达到的最低成本
B. 因其提出的要求太高，不能作为考核的依据
C. 制定理想标准成本的依据，是理论上的业绩标准、生产要素的理想价格和可能实现的最高生产经营能力利用水平
D. 具有激励性

2. 下列说法不正确的是（　　）。
A. 更换产品产生的设备调整工时属于“直接人工标准工时”的组成内容
B. 直接材料的价格标准是指预计下一年度实际需要支付的进料单位成本，包括发票价格、运费、检验和正常损耗等成本
C. 设备意外故障产生的停工工时不属于“直接人工标准工时”组成内容
D. 如果企业采用变动成本计算，则需要制定固定制造费用的标准成本

3. 某产品的变动制造费用标准成本为：工时消耗 2 小时，变动制造费用小时分配率 5 元。本月生产产品 500 件，实际使用工时 1 200 小时，实际发生变动制造费用 10 000 元，则变动制造费用效率差异为（　　）元。
A. 900　　B. 1 000
C. 1 200　　D. 2 000

4. 在确定直接人工标准成本时，标准工时不包括（　　）。
A. 直接加工操作必不可少的时间　　B. 必要的工间休息
C. 调整设备时间　　D. 可避免的废品耗用工时

5. 为了划清各责任中心的成本责任，使不应承担损失的责任中心在经济上得到补偿，必须实施（　　）。
A. 责任成本核算　　B. 责任转账
C. 内部结算　　D. 内部仲裁

6. 制定转移价格时，最理想的选择是（　　）。
A. 市场价格　　B. 以市场为基础的协商价格
C. 变动成本加固定费转移价格　　D. 全部成本转移价格

7. 用于利润中心负责人业绩考核评价的最理想指标是（　　）。
A. 部门经理边际　　B. 部门贡献边际
C. 部门边际　　D. 公司税前利润

8. 投资中心的投资额为 100 000 元，最低投资利润率为 20%，剩余收益为 10 000 元，则该中心的投资利润率为（　　）。
A. 10%　　B. 20%
C. 30%　　D. 60%

9. 在选择计算剩余收益指标时所使用的规定或预期的最低报酬率时，通常考虑的指标是公司的（　　）。

A. 最高利润率　　　　B. 最低利润率

C. 平均利润率　　　　D. 销售利润率

10. 投资报酬率作为评价投资中心业绩的优点很多，找出下列四项中不属于其优点的一项（　　）。

A. 它是根据现有会计资料计算的，比较客观，可用于部门间及不同行业间的比较

B. 它容易引起投资人和总经理的关注，可促进本部门甚至整个企业投资报酬率的提高

C. 它使得部门利益与整个企业利益相一致，最终目的是提高整个企业的投资报酬率

D. 它可分解为投资周转率和销售利润率，从而可对整个部门经营状况做出评价

11. 成本的可控性与不可控性，随着条件的变化，可能发生相互转化，下列表述中不正确的是（　　）。

A. 高层责任中心的不可控成本，对较低层次的责任中心来说，一定是不可控的

B. 低层次责任中心的不可控成本，对于较高层次的责任中心来说，一定是不可控的

C. 某一责任中心的不可控成本，对另一责任中心来说，则可能是可控的

D. 某些从短期看属于不可控的成本，从较长的期间看，可能又成为可控成本

12. 某公司某部门的有关数据为：销售收入 50 000 元，已销产品的变动成本和变动销售费用 30 000 元，可控固定间接费用 2 500 元，不可控固定间接费用 3 000 元，分配来的公司管理费用为 1 500 元。那么，该部门的利润中心负责人可控利润为（　　）。

A. 20 000 元　　　　B. 17 500 元

C. 14 500 元　　　　D. 10 750 元

13. 下列指标中，能够使业绩评价与企业目标协调一致，并引导投资中心部门经理避免本位主义的决策指标是（　　）。

A. 投资利润率　　　　B. 可控利润总额

C. 可控边际贡献　　　　D. 剩余收益

14. 下列不属于成本中心特点的是（　　）。

A. 成本中心只对可控成本负责

B. 成本中心只对责任成本进行考核和控制

C. 成本中心既考核成本费用又考核收益

D. 酌量性成本中心只以货币计量投入，而不以货币计量产出

15. 下列说法不正确的是（　）。

A. 财务控制是一种价值控制

B. 财务控制是一种综合控制

C. 财务日常控制是以现金流量控制为控制内容

D. 财务控制以财务报告为目标

16. 成本中心的业绩考核依据是（　）。

A. 投资利润率　　B. 剩余收益

C. 销售成本　　D. 责任报告

17. 乙投资中心的投资额为 200 000 元，预期的最低投资报酬率为 15%，剩余收益为 15 000 元，则该投资中心的利润为（　）元。

A. 50 000　　B. 35 000

C. 45 000　　D. 30 000

二、多项选择题

1. 下列对于成本控制的说明，正确的有（　）

A. 成本控制应能起到降低成本、纠正偏差的作用，具有实用性

B. 成本控制系统应具有灵活性

C. 对成本细微尾数、数额很小的费用项目要进行严格管理

D. 对正常成本费用支出可以从简控制，而格外关注各种例外情况

2. 下列可以用来作为考核依据的标准成本有（　）。

A. 理想标准成本　　B. 正常标准成本

C. 现行标准成本　　D. 基本标准成本

3. 单位产品的标准工时包括（　）。

A. 直接加工操作必不可少的时间　　B. 必要的间歇和停工

C. 设备调整时间　　D. 不可避免的废品耗用工时

4. 以下关于固定制造费用差异分析的表述中，正确的有（　）。

A. 根据二因素分析法，固定制造费用差异分为耗费差异与能量差异

B. 固定制造费用的实际金额与固定制造费用预算金额之间的差额，称为固定制造费用耗费差异

C. 固定制造费用闲置能量差异是生产能量与实际产量的标准工时之差，与固定制造费用标准分配率的乘积

D. 固定制造费用能量差异反映实际产量实际工时未能达到生产能量而造成的损失

5. 为了调动全体员工控制成本的积极性，应注意的问题有（　）。

A. 需要有客观的、准确的和适用的控制标准
B. 鼓励参与制定标准
C. 冷静地处理成本超支和过失
D. 建立适当的激励措施

6. 下列情况下，需要对基本标准成本进行修订的有（　　）。
A. 重要原材料和劳动力价格发生重要变化
B. 辅助材料价格发生重要变化
C. 由市场供求关系变化引起的售价变化
D. 生产技术和工艺发生根本变化

7. 评价投资中心业绩的指标有（　　）。
A. 投资报酬率　　B. 剩余收益
C. 现金回收率　　D. 投资回收期

8. 一般而言，关于成本中心，下列说法正确的是（　　）。
A. 变动成本大多是可控成本　　B. 固定成本大多是不可控成本
C. 直接成本大多是可控成本　　D. 间接成本大多是不可控成本

9. 利润中心的考核总指标为利润，具体内容有（　　）。
A. 利润中心贡献毛益总额
B. 利润中心负责人可控制利润总额
C. 利润中心可控利润总额
D. 总资产息税前利润率

10. 下列各项中，属于揭示投资中心特点的表述包括（　　）。
A. 所处的责任层次最高　　B. 具有投资决策权
C. 承担最大的责任　　D. 分权管理程度比较高

11. 制定内部转移价格时，必须考虑的原则包括（　　）。
A. 全局性原则　　B. 公平性原则
C. 自主性原则　　D. 重要性原则

12. 如果需要制定企业内部转移价格，可以考虑的转移价格有（　　）。
A. 市场价格　　B. 协商价格
C. 双重价格　　D. 成本转移价格

13. 相对剩余收益指标而言，投资利润率指标的缺点有（　　）。
A. 无法反映投资中心的综合盈利能力
B. 可能造成投资中心的近期目标与整个企业的长期目标相背离
C. 不便于投资项目建成投产后原定目标的比较
D. 不便于各投资中心经营业绩的横向比较

14. 责任成本所具备的特点是（　　）。
A. 确定责任成本的目的是为了控制成本

B. 责任成本都是可控成本

C. 责任成本的计算对象是各责任中心

D. 责任成本都是变动成本

15. 作为评价投资中心业绩的指标，“剩余收益”的优点是（　　）。

A. 可以使业绩评价与企业目标保持一致

B. 能够体现投入产出关系

C. 能反映投资中心的综合盈利能力

D. 具有横向可比性

16. 利润中心的类型有（　　）。

A. 自然利润中心　　B. 人为利润中心

C. 净利润中心　　D. 边际利润中心

17. 投资利润率在评价投资中心的业绩指标时，其优点有（　　）。

A. 能反映投资中心的综合盈利能力

B. 具有横向可比性

C. 优化资源配置

D. 避免本位主义

三、判断题

1. 在材料成本差异分析中，价格差异是根据单价偏差乘以实际用量计算的，数量差异是根据用量差异乘以标准价格计算的。（　　）

2. 真正的降低成本是指降低产品的总成本。（　　）

3. 基本标准成本是最优的生产条件下，利用现有的规模和设备能够达到的最低成本，在标准成本系统中广泛使用。（　　）

4. 成本差异的处理方法选择要考虑许多因素，因此，可以对各种成本差异采用不同的处理方法。如闲置能量差异多采用调整销货成本与存货法，材料价格差异多采用结转本期损益法，其他差异则可视企业具体情况而定。（　　）

5. 直接人工的价格标准是指标准工资率，它只能是预定的工资率。（　　）

6. 基本标准成本不宜用来直接评价工作效率和成本控制的有效性。（　　）

7. 直接材料的价格标准是指预计下年度实际需要支付的材料市价。（　　）

8. 通常，利润中心被看成一个可以用利润衡量其业绩的组织单位。因此，凡是可以计量出利润的单位都是利润中心。（　　）

9. 成本中心是指既能控制收入又能控制成本的责任单位。（　　）

10. 因为利润中心必然是成本中心，投资中心必然是利润中心，所以投资中心首先是成本中心，但利润中心并不一定都是投资中心。成本中心一般不是独立法人，利润中心可以是也可以不是独立法人，而投资中心一般是独立法人。（　）

11．内部转移（结算）价格只能用于企业内部各责任中心之间由于进行产品（半成品）或劳务的流转而进行的内部结算。（　）

12．某项会导致个别投资中心的投资利润率提高的投资，不一定会使整个企业的投资利润率提高，某项会导致个别投资中心的剩余收益指标提高的投资，则一定会使整个企业的剩余收益提高。（　）

13．以市场价格为基础制定的内部转移价格，通常要低于市场价格。（　）

14．最基层的成本中心只应就其经营的可控成本向其上层成本中心负责，上层的成本中心只应就其本身的可控成本向利润中心负责。（　）

15．只有既划清责任又能进行单独核算的企业内部单位，才能作为一个责任中心。（　）

四、名词解释

财务控制　责任中心　成本中心　利润中心　投资中心　理想标准成本　基本标准成本　成本差异

五、简答题

1．财务控制的特征有哪些？

2．成本控制一般可分为哪几个步骤？

3．责任中心的特征有哪些？

4．责任中心可分为哪几类？各有什么特征？

5．成本中心的考核指标是什么？

6．利润中心的考核指标是什么？

7．投资中心的考核指标是什么？其优点是什么？局限性是什么？

六、业务题

1．东方公司运用标准成本系统计算产品成本，并采用结转本期损益法处理成本差异。有关资料如下：

（1）标准成本为：

项目金额标准单位成本

直接材料 6 千克 ×2 元/千克 12 元

直接人工 5 小时 ×3 元/小时 15 元

变动制造费用 5 小时 ×2 元/小时 10 元

固定制造费用 5 小时 ×1 元/小时 5 元

（2）本期耗用直接人工 2 300 小时，支付工资 7 360 元，支付变动制造费用5 100元，支付固定制造费用2 000元；生产能量为2 100小时。

其他情况如下：

原材料：期初库存原材料50千克，本期购入2 100千克，单价2.1元/千克，耗用2 100千克，在生产开始时一次性投入。

在产品：期初在产品存货50件，完工程度50%，期末在产品70件，完工程度30%，本月投产600件，完工入库580件。

产成品：期初产成品存货40件，期末产成品存货60件。

要求：

(1) 计算单位产品标准成本；

(2) 计算产品标准成本差异（直接材料价格差异按采购量计算）。

2. 某集团公司下设A、B两个投资中心。A中心的投资额为200万元，投资利润率为15%；B中心的投资利润率为17%，剩余收益为8万元；集团公司要求的平均投资利润率为12%。集团公司决定追加投资100万元，若投向A公司，每年增加利润20万元；若投向B公司，每年增加利润15万元。

要求计算下列指标：

(1) 追加投资前A中心的剩余收益；

(2) 追加投资前B中心的投资额；

(3) 追加投资前集团公司的投资利润率；

(4) 若A公司接受追加投资，其剩余收益；

(5) 若B公司接受追加投资，其投资利润率。

3. 某企业下设甲投资中心和乙投资中心，要求的总资产息税前利润率为10%，两投资中心均有一投资方案可供选择，预计产出的影响如下表所示：

单位：万元

项目	甲投资中心		乙投资中心	
	追加投资前	追加投资后	追加投资前	追加投资后
总资产	50	100	100	150
息税前利润	4	8.6	15	20.5
息税前利润率	8%		15%	
剩余收益	−1		+5	

要求：

(1) 计算并填列上表中的空白；

(2) 运用剩余收益指标分别就两投资中心是否应追加投资进行决策。

4. M公司的某部门业务数据如下（单位：元）：

部门销售收入　　20 000

已销商品变动成本和变动销售费　　8 000

部门经理可控固定间接费用 6 000
部门经理不可控间接费用 4 000
分配的公司管理费用 6 500

计算：

(1) 该利润中心的边际贡献总额、利润中心负责人可控利润总额及公司利润总额；

(2) 分析哪个指标最适合作为评价部门经理业绩的依据。

5. ABC 公司有三个业务类似的投资中心，使用相同的预算进行控制，其 2011 年的有关资料如下：

单位：万元

项目	预算数	实际数		
		A 部门	B 部门	C 部门
销售收入	200	180	210	200
变动成本	120	108	126	120
固定成本	62	53	64	62
总成本	100	90	100	100

在年终进行业绩评价时，董事会对三个部门的评价产生了分歧：有人认为 C 部门全面完成预算，业绩最佳；有人认为 B 部门销售收入和息税前利润均超过预算，并且利润最大，应是最好的；还有人认为 A 部门利润超过预算并节省了资金，是最好的。

(1) 假设该公司规定的最低息税前资产利润率是 16%，请你对三个部门的业绩进行评价并排出优先次序；

(2) 若 C 部门要使其息税前利润率上升到 20%，其剩余收益为多少？

6. 某百货公司下设一鞋帽部，2011 年销售收入为 200 万元，变动成本率为 60%，固定成本为 30 万元，其中折旧 10 万元。

要求对以下两个互不相关的问题予以回答：

(1) 若该鞋帽部为利润中心，其固定成本中只有折旧为不可控的，试评价该部门经理业绩，并评价该部门对百货公司的贡献有多大。

(2) 若该部门为投资中心，其所占用的资产平均额为 150 万元，该公司要求的最低投资利润率为 15%，试计算该部门的投资利润率、剩余收益。

参考答案

一、单项选择题

1. D　2. D　3. B　4. D　5. B　6. A　7. A　8. C　9. B

10. C　11. B　12. B　13. D　14. C　15. D　16. D　17. C

二、多项选择题

1. ABD　2. BC　3. ABCD　4. AB　5. ABCD
6. AD　7. AB　8. ABCD　9. ABC　10. ABCD
11. ABCD　12. ABCD　13. AB　14. ABC　15. AB
16. AB　17. ABC

三、判断题

1. √　2. ×　3. ×　4. ×　5. ×　6. √　7. ×　8. ×　9. ×
10. √　11. ×　12. √　13. ×　14. √　15. ×

四、名词解释

财务控制：是指对企业财务活动的控制，是按照一定的程序和方式确保企业及其内部机构和人员全面落实、实现对企业资金的取得、投放、使用和分配过程的控制。

责任中心：是指承担一定的经济责任，并享有一定权利的内部管理单位。

成本中心：是指只对成本或费用承担责任的责任中心。

利润中心：是指既对成本负责又对收入和利润负责的责任中心。

投资中心：是指既对成本、收入和利润负责，又对投入的全部投资或资产的使用效果负责的责任中心。

理想标准成本：是指在最优的生产条件下，利用现有的规模和设备能够达到的最低成本。制定理想标准成本的依据是最好的生产条件与最好的生产组织。最好的生产条件包括最好的生产设备、最低的原材料价格、最经济的消耗、最熟练的工人和最合理的工资、最高的产量和销量等。最好的生产组织是指在生产过程中无任何的浪费，无废料、废品，不存在停工损失等。这种标准没有考虑现实的可能性，在实际生产中是很难实现的。

基本标准成本：是指一经制定，只要生产的基本条件无重大变化，就不予变动的一种标准成本。

成本差异：实际成本与标准成本之间的差额，称为标准成本差异或成本差异。实际成本低于标准成本的差异称为有利差异（或节约差异），实际成本高于标准成本的差异称为不利差异（或超支差异）。由于标准成本是根据标准数量和标准价格两个因素计算而得，所以在计算分析差异时也应从消耗数量和价格两方面分别进行。

五、简答题

1. 财务控制的特征：①是一种价值控制；②是一种全面控制；③以现金流量为控制目的。

2. 成本控制的步骤一般可分为：

（1）制定成本控制标准。成本控制标准是控制成本费用的重要依据。成本标准一般按直接材料、直接人工和制造费用分别制定。它是对各项费用和资源消耗规定的数量限额，也是成本控制和考核的重要依据。

（2）揭示成本差异。就是将实际成本与成本标准进行比较，及时揭示成本差异，并分析成本差异的程度和性质，确定造成差异的原因和责任归属。差异的计算与分析也要分材料、人工、费用三个项目进行。

（3）成本反馈。在成本控制中，成本差异的情况要及时反馈到有关部门，以便组织群众挖掘潜力，及时控制与纠正差异，并把成本指标的考核纳入经济责任制，实施奖惩。如材料成本差异分析后，将数量差异情况反馈给生产部门和技术部门，价格差异情况反馈给供销部门。

3. 责任中心就是指具有一定的管理权限，并承担相应的经济责任的企业内部单位。

责任中心的特征：①是一个责权利相统一的实体；②具有承担经济责任的条件；③其所承担的责任和行使的权利都应是可控的；④具有相对独立的经营业务和财务收支活动；⑤具有独立核算、业绩评价的能力。

4. 责任中心可分为成本中心、利润中心和投资中心三大类。

成本中心的特征：它是只对成本或费用承担责任的责任中心。成本中心可分为：标准成本中心，为企业提供一定的物质成果，但不进行货币计量；费用中心，为企业提供专业性的服务，不产生用货币计量的成果。

利润中心：①自然利润中心，可以直接对外销售产品并取得收入的利润中心。其特征是：直接面向市场，具有产品销售权、价格制定权、材料采购权和生产决策权。②人为利润中心，指对内流转产品，视同产品销售而取得“内部销售收入”的利润中心。其特征是：一般不直接对外销售产品，只向本企业内部各责任中心提供产品或劳务，根据内部转移价格获取“内部销售收入”。

投资中心的特点：它是最高层次的责任中心，具有最大的决策权，也承担最大的责任。

从组织形式上看，成本中心一般不是独立法人，利润中心可以是独立法人，也可以不是，而投资中心通常是独立法人。

5. 成本中心的考核指标：成本（费用）变动额 = 实际责任成本（费用） - 预算责任成本（费用）；成本（费用）变动率 = 成本（费用）变动额 ÷ 预算责任成本（费用）×100%。

6. 利润中心的考核指标：

（1）当利润中心不计算共同成本或不可控成本，只计算可控成本时，考核指标为：

利润中心边际贡献总额 = 该利润中心销售收入总额 - 该利润中心可控成

本总额（变动成本总额）

（2）当利润中心既计算可控成本，也计算共同成本或不可控成本时，考核指标为：

①利润中心边际贡献总额=该利润中心销售收入总额 − 该利润中心变动成本总额

②利润中心负责人可控利润总额=该利润中心边际贡献总额 − 该利润中心负责人可控固定成本

③利润中心可控利润总额=该利润中心负责人可控利润总额 − 该利润中心负责人不可控固定成本

④公司利润总额=各利润中心可控利润总额之和 − 公司不可分摊的各种管理费用、财务费用等

7. 投资中心的考核指标：

（1）投资利润率= 利润÷投资额

=（销售收入÷投资额）×（成本费用÷销售收入）×（利润÷成本费用）

=资本周转率×销售成本率×成本费用利润率

（2）剩余收益 = 利润 −（投资额×预期最低投资报酬率）

优点：①反映投资中心的综合盈利能力；②可作为选择投资机会的依据；③具有横向可比性；④可正确引导投资中心的经营管理行为，使其行为长期化。

缺点：①在通货膨胀下，无法揭示投资中心的实际经营能力；②使投资中心只顾自身利益而放弃对企业有利的投资项目；③投资报酬率的计算与资本支出预算所用的现金流量不同，无法比较；④投资报酬率的计量不全是投资中心可控制的。

六、业务题

1. 答案：

（1）单位产品标准成本=12+15+10+5=42（元）

（2）材料价格差异=2 100×（2.1−2）=210（元）

材料数量差异=（2 100−600×6）×2=−3 000（元）

本月完成的约当产品为：580+70×30%−50×50%=576（件）

直接人工工资率差异=7 360−3×2 300=460（元）

直接人工效率差异=（2 300−576×5）×3=−1 740（元）

变动制造费用耗费差异=（5 100/2 300−2）×2 300=500（元）

变动制造费用效率差异=（2 300−576×5）×2=−1 160（元）

固定制造费用耗费差异= 2 000−2 100×1=−100（元）

固定制造费用闲置能量差异=（2 100−2 300）×1=−200（元）

固定制造费用效率差异 =（2 300 − 576 × 5）× 1 = −580（元）

2. 答案：

（1）追加投资前 A 中心的剩余收益 = 200 × 15% − 200 × 12% = 6（万元）

（2）追加投资前 B 中心的投资额 $=\frac{8}{17\%-12\%}=160$（万元）

（3）追加投资前集团公司的投资利润率 $=\frac{200\times15\%+160\times17\%}{200+160}=15.89\%$

（4）若 A 公司接受追加投资，其剩余收益为：

（200 × 15% + 20）− 300 × 12% = 14（万元）

（5）若 B 公司接受追加投资，其投资利润率为：

$$\frac{160\times17\%+15}{160+100}=16.23\%$$

3. 答案：

（1）

单位：万元

项目	甲投资中心		乙投资中心	
	追加投资前	追加投资后	追加投资前	追加投资后
总资产	50	100	100	150
息税前利润	4	8.6	15	20.5
息税前利润率	8%	$\frac{8.6}{100}\times100\%=8.6\%$	15%	$\frac{20.5}{150}\times100\%=3.67\%$
剩余收益	−1	8.6 − 100 × 10% = −1.4	+5	20.5 − 150 × 10% = 5.5

（2）决策如下：由于甲投资中心追加投资后将降低剩余收益，故不应追加投资；乙投资中心追加投资后可提高剩余收益，故可追加投资。

4. 答案：

（1）利润中心的边际贡献总额 = 20 000 − 8 000 = 12 000（元）

利润中心负责人可控利润总额 = 12 000 − 6 000 = 6 000（元）

利润中心可控利润总额 = 6 000 − 4 000 = 2 000（元）

公司利润总额 = 2 000 − 6 500 = − 4 500（元）

（2）利润中心负责人可控利润总额 6 000 元是最好的业绩评价依据。

5. 答案：

（1）根据所给资料，投资中心业绩评价应使用部门投资报酬率和剩余收益指标。

息税前资产利润率 $=\frac{息税前利润}{总资产}$

A 部门 $=\frac{180-108-53}{90}=\frac{19}{90}\approx21.11\%$

B部门 $= \frac{210-126-64}{100} = \frac{20}{100} = 20\%$

C部门 $= \frac{200-120-62}{100} = \frac{18}{100} = 18\%$

剩余收益 = 息税前利润 - 总资产 × 息税前资产利润率

A部门 = 19 - 90 × 16% = 4.6（万元）

B部门 = 20 - 100 × 16% = 4（万元）

C部门 = 18 - 100 × 16% = 2（万元）

因此，可以认为A最好，B次之，C最差。

（2）剩余收益 = 100 × 20% - 100 × 16% = 4（万元）

6. 答案：

（1）该部门经理业绩：

利润中心负责人可控成本 = 200 - 200 × 60% - 20 = 60（万元）

该部门对总公司的贡献：

利润中心可控成本 = 60 - 10 = 50（万元）

（2）投资利润率 $= \frac{200-200\times 60\%-30}{100} = 50\%$

剩余收益 = 50 - 100 × 15% = 35（万元）

第十二章 资本经营财务

学习重点及难点

一、兼并与收购

兼并通常是指企业用现金、证券或其他形式购买取得其他企业的产权，使其他企业丧失法人资格或改变法人实体，并取得对这些企业决策控制权的经济行为。

收购是指企业用现金、债券或股票购买另一家企业的部分或全部资产或股权，以获得该企业的控制权。收购的对象一般有两种：股权和资产。两者的主要差别在于：收购股权是购买一家企业的股份，收购方将成为被收购方的股东，要承担该企业的债权和债务；而收购资产则仅仅是一般资产的买卖行为，由于在收购目标公司资产时未收购其股份，收购方无需承担其债务。

二、企业并购的效应

企业并购的效应主要在于获得"交易内部化"的协同效应。所谓协同效应，简单而言就是 1 +1 >2 的效应，主要有管理、经营和财务三种协同效应。

三、企业并购的财务分析

企业并购是一项复杂艰巨的工程，不仅需要企业投入巨大的成本，而且能否获得预期的收益还是一个未知数。因此，在企业并购决策中，需要对企业并购过程中的成本、风险、收益分别进行分析。

四、企业并购的支付方式

在企业并购活动中，支付是完成交易的确定性环节，也是影响并购交易能否成功的重要因素之一。在并购实践中，常见的支付（出价）方式有三种：现金收购、股票收购和综合证券收购。究竟选择何种支付方式，并购公司必须综合考虑包括自身实际状况和目标公司股东的要求等各种因素来加以确定。当然，支付方式的最终确定是并购双方协商的结果。

五、企业清算

企业清算是指在企业终止过程中，为终结企业各种现存的经济关系，依法对企业财产进行清理、估价、变卖，清理债权、债务，分配剩余财产，以终结其经营活动的行为。任何企业的终止，都必须进行清算工作。清算工作是企业终止阶段的一项法律程序。只有经过清算，才能对企业现存的各种财务关系予以了结。

练习题

一、单项选择题

1. 按买卖双方的产品与产业的联系划分，并购分为（　　）。

A. 整体并购、部分并购

B. 横向并购、纵向并购、混合并购

C. 承担债务式并购、现金购买式并购、股份交易式并购

D. 要约收购、协议收购

2. 把市场环境和企业未来经营状况与目标企业价值联系在一起的资产评估标准是（　　）。

A. 续营价值　　B. 清算价值

C. 市场价值　　D. 公平价值

3. 并购中，股票市价的交换率大于1，表明（　　）。

A. 并购行为对目标企业有利　　B. 并购行为对并购企业有利

C. 并购行为对买卖双方均没利　　D. 并购行为对买卖双方均没影响

4. 我国《公司法》规定，收购本公司股票后，必须在（　　）内注销该部分股票，并依法办理减资变更登记。

A. 10天　　B. 20天

C. 15天　　D. 30天

二、多项选择题

1. 企业并购按实现方式，可分为（　　）。

A. 协议收购　　B. 要约收购

C. 股份交易式并购　　D. 现金购买式并购

E. 承担债务式并购

2. 在并购过程中，并购企业对目标企业的股权或资产进行价值评估时，可依据的标准有（　　）。

A. 公平价值　　B. 清算价值

C. 续营价值　　D. 账面价值

E. 市场价值

3. 甲公司得知乙公司有一特殊用途的设备，拟通过并购方式获得所有权，A公司在对该设备的价值进行估算时，可依据该设备的（　　）进行评估。

A. 清算价值　　　　B. 账面价值

C. 公平价值　　　　D. 续营价值

E. 市场价值

4. 应用收益法时通常可选择的标准市盈率有（　　）。

A. 并购时目标企业的市盈率

B. 与目标企业具有可比性的市盈率

C. 目标企业所在行业的市盈率

D. 企业投资的预期回报率

E. 企业在其投资上获得的超过投资者要求收益的市盈率

5. 一般情况下，并购企业在并购行动过程中发生的成本有（　　）。

A. 并购机会成本　　　　B. 并购完成成本

C. 并购退出成本　　　　D. 整合改制成本

E. 注入资本成本

6. 并购行为给并购企业带来的风险包括（　　）。

A. 体制风险　　　　B. 反收购风险

C. 融资风险　　　　D. 信息风险

三、判断题

1. 并购是公司经营成功的体现，而剥离分立则是公司经营不成功的象征。（　　）

2. 收购股权与收购资产的区别在于：前者是购买一家企业的股份，并因此承担其债权、债务；后者是购买一家企业的资产，并不因此而承担其债务。（　　）

3. 如果并购企业实施并购的目的在于获得目标企业并购后的收益，则并购企业依据持续经营价值对目标企业定价最为合理。（　　）

4. 用收益法估算目标企业的价值，以投资为出发点，对企业未来经营收益予以了充分考虑。但因其对证券市场要求较高，所以在我国很难完全运用。（　　）

5. 并购可以实现社会资源的合理配置及取得规模经济效益，因此，目前我国有关企业收购的法规中，规定收购方在持有一上市公司5%的股票后应立即公告。这是对并购方的并购行为给予的法律支持。（　　）

6. 如果并购企业市盈率大于目标企业市盈率，只要并购企业出价超过目标企业的市价，并购企业即可在股票实际波动中获得好处。（　　）

四、名词解释

敌意并购　要约收购　管理协同效应　经营协同效应　并购完成成本
市盈率法　贴现现金流量法　股票收购　杠杆并购　清算收益　清算费用

五、简答题

1. 兼并与收购的主要区别是什么?
2. 并购的实现方式有哪几种?
3. 企业并购的风险有哪些?
4. 可供选择的标准市盈率有哪几种?
5. 净资产账面价值法的缺陷是什么?
6. 我国《企业破产法》对企业破产清算的程序有哪些规定?

六、业务题

1. 甲公司为了发展，需要并购乙公司。甲公司资本总额500万元，负债与权益之比为2∶3，资本收益率（税前）为20%，股票市盈率为25；乙公司资本总额200万元，负债与权益之比为1∶1，股票市盈率为15，所得税税率为40%。两公司的负债均为长期银行借款，银行借款年利率为10%，预计并购后乙公司能获得与甲公司相同水平的资本收益率和市盈率。

要求：采用市盈率法计算目标企业乙公司的并购价值。

2. A公司拟采用并购方式取得对B公司的控制权。B公司生产经营的特点决定了其未来创造现金流量的能力较强，鉴于此，A公司的最高决策层决定对B公司的估价采用贴现现金流量法。

有关B公司预测数据如下：

2011年B公司实现现金净流量100万元，估计今后5年现金净流量每年以25%的幅度递增；B公司的资本结构为：负债占40%，股权资金占60%；证券市场无风险报酬率为8%，平均风险股票必要报酬率为13%，B公司股票的β系数为1.2，负债利息率为10%（税后）。

问：若A公司只有现金600万元，能否实现对B公司的并购?

3. 甲企业计划通过发行股票收购乙企业，并购时甲、乙两企业有关财务信息如下表：

	甲企业	乙企业
净利润	500万元	100万元
普通股股权	200万股	100万股
每股市价	20元	12元

若并购后甲、乙两企业收益能力不变，要求计算：

（1）甲企业以每股15元的价格收购乙企业股票后，甲企业的每股收益与并购前相比变化多少；原乙企业的股东每股收益与并购前相比变化多少？

（2）确保甲企业股东每股收益维持并购前水平的股票交换率是多少？

4. 甲公司拟收购乙公司，甲公司目前的市场价值为8 000万元，乙公司目前的市场价值为2 000万元，估计合并后新公司的市场价值将达到15 000万元。乙公司股东要求以2 500万元成交，并购的交易费用为500万元。

要求计算：

（1）并购的收益；

（2）并购的溢价；

（3）并购的净收益。

5. ABC公司拟采用经理层融资收购的方式以5 000万元的价格出售一全资子公司。具体的资金来源：其中管理者以现金1 000万元出资，其余款项来自于以公司全部资产作抵押的贷款，贷款年利率为10%，今后5年每年年末等额偿还本金，并支付每年年末未偿还本金的利息。公司目前的销售收入为20 000万元，预计该公司前5年每年的销售收入分别为20 000万元、21 000万元、22 000万元、23 000万元、24 000万元，销售息税前利润率为10%，固定资本增长和营运资本增长（设为发生在各年年末）占销售额增长的百分比分别为10%和5%，预计从第六年开始该子公司的自由现金流量将每年以2%的增长率增长，公司所得税税率为40%，所有债务必须用收入偿还。设投资人要求的最低报酬率为10%。

要求：试分析该子公司能否顺利出售。

参考答案

一、单项选择题

1. B　2. C　3. A　4. A

二、多项选择题

1. CDE　2. ABCDE　3. AE　4. ABC　5. ABCDE　6. ABCDE

三、判断题

1. ×　2. √　3. √　4. √　5. ×　6. √

四、名词解释

敌意并购：是指并购方在试图收购目标公司的股权时，遭到目标公司的抗拒，但仍然强行收购；或者并购方事先并不与目标公司进行协商，而是直接向目标公司的股东开出收购价格或收购要约的并购行为。敌意并购的优点在于：并购方完全处于主动地位，不用被动权衡各方利益，而且并购行动节奏快、时间短，可以有效控制并购成本。

要约收购：是指并购方向目标企业的股东公开发出购买该公司股份的书面意见（要约收购报告），并按照依法公告的收购条件、收购价格、收购期限以及其他规定事项收购目标公司股份的收购方式。

管理协同效应：是指管理能力相对较强、效率相对较高的公司管理层通过并购获得低效公司的控制权，再通过资产重组、业务整合，提高并购后企业的整体效率水平，达到提高获利能力的目的。

经营协同效应：是指由于经济上的互补性，使得两个或两个以上的企业合并之后能产生收益增加或成本降低的效果，即实现规模效益。

并购完成成本：是指在并购过程中所发生的直接成本和间接成本。其中，直接成本是指并购过程中直接支付的费用，如为收购目标企业而支付的价格。间接成本是指并购过程中发生的除直接成本以外的其他支出，具体包括债务成本、交易成本和更名成本。

市盈率法：就是根据目标企业的收益和市盈率确定其价值的方法。计算公式为：目标企业的价值＝估价收益指标×标准市盈率。

贴现现金流量法：是利用拉巴波特模型确定目标企业最高可接受并购价值的一种方法。该模型是由美国西北大学的阿尔弗雷德·拉巴波特创立的，他认为决定目标企业价值的主要因素有五个：销售收入增长率、销售利润、新增固定资产投资、新增营运资本和资本成本率。

股票收购：又称股权置换，是指支付公司通过发行本公司的股票，以新发行的股票交换目标公司的股票，从而达到收购目的的一种支付方式。

杠杆并购：是指并购方为筹集并购所需资金，大量向银行或金融机构借债，或发行高利率、高风险债券，这些债务的安全性以目标公司的资产或将来的现金流入作担保。实质上是主要通过借债获得目标企业的产权，并从目标企业的现金流量中偿还负债的并购方式。

清算收益：是企业在清算过程中取得的收益，主要包括清算过程中发生的财产盘盈、财产变现收益、不需变现财产估价收益、因债权人原因确实已无法归还的债务、经营收益。

清算费用。清算费用是清算过程中发生的各项支出，主要包括清算期间职工生活费，清算财产管理、变卖和分配所需费用，诉讼费用，审计费，公证费，清算人酬劳，办公费等。清算费用在清算财产中优先支付，一般随时发生随时支出。如果清算财产不足支付清算费用，则清算程序相应终结，未清偿的债务不再清偿。

五、简答题

1. 兼并与收购的主要区别：

（1）在兼并中，被合并企业作为法人实体不复存在；而在收购中，被收购企业可仍以法人实体存在，其产权可以是部分转让。

（2）兼并后，兼并企业成为被兼并企业新的所有者和债权债务的承担者，是资产、债权、债务的一同转换；而在收购中，收购企业是被收购企业的新股东，以收购出资的股本为限承担被收购企业的风险。

（3）兼并多发生在被兼并企业财务状况不佳、生产经营停滞或半停滞之时，兼并后一般需调整其生产经营、重组其资产；而收购一般发生在企业正常生产经营状态，产权流动比较平和。

2. 并购的实现方式有：

（1）承担债务式并购。在目标公司资不抵债或资产与债务相等的情况下，并购方以承担目标方全部或部分债务为条件，取得目标方的资产所有权和经营权。承担债务式并购可以减少并购企业的现金支出，但有可能影响并购企业的资本结构。

（2）现金购买式并购。现金购买式并购一般包括以下两种情况：①并购方筹集足额的现金购买目标公司的全部资产，使目标方除现金外没有持续经营的物质基础，成为有资本结构而无生产资源的空壳，不得不从法律意义上消失。②并购方以现金通过市场、柜台或协商购买目标公司的股票或股权，一旦拥有其大部分或全部股本，目标公司就被并购了。现金购买式并购将加大并购企业的现金支出负担，但一般不会影响并购企业的资本结构。

（3）股权交易式并购。①以股权换股权。并购方向目标公司的股东发行并购公司自己的股票，通过换取目标公司的大部分或全部股票，达到控制目标公司的目的。通过并购，目标公司或者成为并购公司的分公司或子公司，或者解散并入并购公司。②以股权换资产。并购方通过向目标公司发行并购公司自己的股票，换取目标公司的资产，并在有选择的情况下承担目标公司的全部或部分债务。目标公司也要把拥有的并购公司的股票分配给自己的股东。股权交易式并购虽然可以减少并购企业的现金支出，但同时也稀释了其股权结构。

3. 企业并购的风险有：

（1）营运风险。营运风险是指并购企业在并购完成后，可能无法使整个企业或企业集团产生管理协同效应、经营协同效应、财务协同效应以及市场份额效应，难以实现规模经济或管理知识共享。通过并购形成的新企业或企业集团因规模过于庞大而产生规模不经济现象也时有发生，甚至整个企业或企业集团的经营业绩都可能为被并购企业所拖累。

（2）信息风险。在企业并购中，信息是非常重要的，信息的充分与否决定着企业并购成本的大小。及时与真实的信息可以降低企业的并购成本，从而大大提高企业并购的成功率。

(3) 融资风险。企业并购需要大量的资金，所以并购决策会对企业资金规模和资本结构产生重大影响。与并购相关的融资风险主要包括：是否可以筹集到并购所需资金，融资后的财务风险是否可控，现金支付是否会影响企业正常的生产经营。

(4) 反并购风险。并不是所有的并购活动都能得到目标企业的合作。特别是当目标企业不愿意被并购时，可能会不惜一切代价实施反并购策略，其反并购行动就会对并购企业构成相当大的风险。

(5) 法律风险。各国关于并购的法律法规一般都通过增加并购成本而提高并购难度。如我国目前的收购法规就要求：收购企业持有一家上市企业5%的股票后，必须公告并暂停买卖，以后每增减5%，还要重复该过程；持有30%股票后还必须发出全面收购要约。这套程序给并购企业实现并购目标造成了相当大的风险。

(6) 体制风险。在我国，国有企业资本营运过程中相当一部分企业并购行为都是由政府部门强行撮合而实现的。尽管大规模的企业并购活动离不开政府的支持和引导，但是并购行为毕竟是一种市场行为，如果政府依靠行政手段对企业并购大包大揽，不仅背离了市场原则，难以达到预期效果，而且往往还会给并购企业带来风险，使企业并购偏离资产最优组合目标。

4. 通常，可供选择的标准市盈率有：①在并购时点目标企业的市盈率；②与目标企业具有可比性的企业的市盈率；③目标企业所处行业的平均市盈率。

5. 净资产账面价值法的缺陷有：①由于企业间、同一企业不同会计期间所采用的会计政策不同，账面价值较易被企业管理当局操纵，使净资产指标缺乏可比性；②来自财务报表的净值数据代表的是一种历史成本，它与企业创造未来价值的能力之间的相关性很小或显著不相关，而且企业存续的时间越长，市场技术进步越快，这种无关性就越突出；③忽视了企业内在的一些价值驱动因素，如人力资源等；④调整系数的确定较为复杂，缺乏一个客观的标准，在现实中，当目标企业的流动资产所占份额较大，且会计记录完整准确时，收购方可以使用净资产账面价值法对目标企业进行估价。

6. 我国《企业破产法》对企业破产清算的规定程序是：①提出申请。破产申请人可以是债权人、债务人。债务人不能偿还到期债务时，债权人可以向债务人所在地人民法院申请宣告债务人破产；债务人经过上级主管部门同意，可以向当地人民法院自动申请破产。②受理申请。人民法院接到破产申请后便要进行受理与否的审查、监督。受理债权人破产申请案件10日内应通知债权人，并发布破产案件受理公告。③申请债权。债权人应当在收到通知后一个月内，未收到通知的债权人应当自公告起三个月内，向人民法院申请债权，说明债权的数额、性质（有无担保）及提交证明材料。

六、业务题

1. $200\times20\%-200\times\frac{1}{2}\times10\%=30$（万元）

$30\times(1-40\%)=18$（万元）

$18\times25=450$（万元）

2.（1）B 公司今后 5 年的现金流量预测如下：

①$100\times1.25=125$（万元）

②$125\times1.25=156.25$（万元）

③$156.25\times1.25\approx195.31$（万元）

④$195.31\times1.25\approx244.14$（万元）

⑤$244.14\times1.25\approx305.18$（万元）

（2）加权平均资本成本为：

$40\%\times10\%+[8\%+1.2\times(13\%-8\%)]\times60\%=12.4\%$

B 公司的价值为：

$$\frac{125}{(1+12.4\%)^1}+\frac{156.25}{(1+12.4\%)^2}+\frac{195.31}{(1+12.4\%)^3}+\frac{244.14}{(1+12.4\%)^4}+\frac{305.18}{(1+12.4\%)^5}\approx695.5\text{（万元）}$$

A 公司尚有资金缺口 95.5 万元，如不运用其他融资方式或改变并购方式，则无法实现并购。

3.（1）股票交换比率为：$\frac{15}{20}=0.75$

即甲企业 0.75 股相当于乙企业 1 股

并购后甲企业股东每股收益 $=\frac{500+100}{200+75}=2.18$（元）

并购前每股收益 $=500/200=2.5$（元）

每股收益下降了 $2.5-2.18=0.32$（元）

并购后原乙企业股东每股收益 $=2.18\times0.75=1.635$（元）

并购前每股收益 $=100/100=1$（元）

每股收益提高了 $1.635-1=0.635$（元）

（2）$\frac{500+100}{200+100\times R_1}=2.5$

$R_1=0.4$

即以每 0.4 股甲企业股票交换 1 股乙企业股票。

4. （1）并购收益 = 并购后的市场价值 - 并购前各公司的市场价值

= 15 000 -（8 000 + 2 000）= 5 000（万元）

（2）并购溢价 = 2 500 - 2 000 = 500（万元）

（3）并购净收益 = 并购收益 - 并购溢价 - 并购费用

= 5 000 -（2 500 - 2 000）- 500 = 4 000（万元）

或：并购净收益 = 并购后的企业价值 - 并购前甲的市场价值 - 并购交易价格 - 并购费用 = 15 000 - 8 000 - 25 000 - 500 = 4 000（万元）

5. 公司未来5年内每年自由现金流量为：

单位：万元

年份	1	2	3	4	5
销售收入	20 000	21 000	22 000	23 000	24 000
息税前利润	2 000	2 100	2 200	2 300	2 400
每年支付利息	4 000 × 10% = 400	(4 000 - 800) × 10% = 320	(3 200 - 800) × 10% = 240	(2 400 - 800) × 10% = 160	(1 600 - 800) × 10% = 80
税前利润	1 600	1 780	1 960	2 140	2 320
税后净利润	960	1 068	1 176	1 284	1 392
每年年末还贷	800	800	800	800	800
增加固定资产		(21 000 - 20 000) × 10% = 100	(22 000 - 21 000) × 10% = 100	(23 000 - 22 000) × 10% = 100	(24 000 - 23 000) × 10% = 100
增加营运资本		(21 000 - 20 000) × 5% = 50	50	50	50
自由现金流量	160	118	226	323	442

$$子公司的价值 = 160 \times (P/F,10\%,1) + 118 \times (P/F,10\%,2) + 226 \times (P/F,10\%,3) + 323 \times (P/F,10\%,4) + 442 \times (P/F,10\%,5) + \frac{442 \times (1+2\%)}{10\% - 2\%} \times (P/F,10\%,5)$$

$$= 160 \times 0.909\,1 + 118 \times 0.826\,4 + 226 \times 0.751\,3 + 323 \times 0.683\,0 + 442 \times 0.620\,9 + 5\,635.5 \times 0.620\,9$$

$$= 4\,406.893\,7（万元）$$

由于并购价值低于5 000万元，所以该子公司不能顺利出售。